Judith von Halle

Reinkarnation und Karma

Vorträge von Judith von Halle

4

Judith von Halle

Reinkarnation und Karma

Eine Einführung

Der Sinn des Daseins

Vom vorgeburtlichen Lebensplan zur individuellen Lebensaufgabe

Verlag für Anthroposophie

2. Auflage 2025

Der Verlag für Anthroposophie im Internet: www.v-f-a.ch

Einbandgestaltung von Gabriela de Carvalho
Bild: Hieronymus Bosch, *Paradies und Hölle,* um 1510
Detail vom linken Tafelbild *(Aufstieg zum himmlischen Paradies)*

Satz: VfA
Herstellung: CPI

ISBN 978-3-03769-061-1

Inhalt

Vorwort des Herausgebers

Es ist die Grundfrage des Daseins: die Frage nach dem Sinn des Lebens. Sie bewegt uns nicht nur im individuellen Lebenslauf, sie bestimmt auch das Leben im sozialen Organismus. Darauf weist die Autorin mit Nachdruck hin in diesem ohne Weiteres nachvollziehbaren Gedankengang anlässlich eines öffentlichen Vortrags.

Auch die im Jugendalter drängende Schicksalsfrage, die Frage der Berufswahl, hängt mit dieser Grundfrage zusammen und in der Folge in besonderer Weise auch die dann im Berufsleben nicht selten dramatisch auftauchende Frage nach dem Sinn der Arbeit; ein Burnout ist ein Symptom, das den Ernst der Frage aufzeigt.

War es richtig, sich für eine aussichtsreiche Karriere, einen „verdienstvollen“ Job zu entscheiden und nicht auf die (vielleicht leise) Stimme einer Berufung zu hören?

Woher kommt eigentlich eine „Berufung“? Woher kommen „angeborene“ Begabungen und Fähigkeiten: die Folge einer Gen-Lotterie, wie es wissenschaftlich erklärt wird, oder vorgeburtlicher Lebensplan? Kommt jedem Menschen eine individuelle Lebensaufgabe zu, ob er sich einer solchen bewusst wird oder nicht?

Die zahllosen Berichte von Nah-Tod-Erfahrenen von einer Lebensrückschau und einer Licht- oder Christus-Erscheinung sind wie Antworten auf solche Fragen zu lesen. Nahtod-Erfahrungen haben immer *eine* Konsequenz: nichts ist mehr danach so, wie es vorher war.

Im Angesicht des endgültigen Todes erhält der Sterbende „normalerweise“ keine zweite Chance. Auch wenn er einsieht, was schiefgelaufen ist und was er jetzt anders, besser machen will – der Tod ist scheinbar erbarmungslos. In solcher Situation sucht man dann eine tröstende Antwort bei den Religionen: sie lautet meist: „ewiges Leben" im Himmel oder in der Hölle.

Aber wozu soll ich mich anstrengen, wenn ich das Angefangene, gelungen oder missglückt, nicht fortsetzen kann? Bedeutet die Vorstellung eines ewigen Lebens *ohne den Entwicklungsgedanken* nicht die Sinnlosigkeit eines Lebens als einmalige Episode – mit der Folge einer egoistischen, zynischen Lebenshaltung?

Die erlösende Antwort ist zu finden im Entwicklungsgedanken, in der Erkenntnis von Reinkarnation als Voraussetzung zum Verständnis des eigenen Karmas.

Es erwacht das Bewusstsein der Unsterblichkeit des Seelenkerns: vor der Geburt und nach dem Tod. Nach dem Tod beginnt sogleich das Nachbereiten des vergangenen Lebens (Rückschau, Reue, Vorsätze), und vor der Geburt geschieht das Vorbereiten des individuellen Lebensplans mit der Hilfe dessen, den Rudolf Steiner den „Herrn des Karma" genannt hat. Die Bedeutung der Freiheit wird im Licht des christlichen Karma-Verständnisses entscheidend erhöht.

«Es gibt Mittel und Wege, heutzutage zu einer bewussten Erkenntnis seines Lebenssinns zu kommen, ohne den Tod abzuwarten, ohne auf ein Nahtod-Erlebnis hoffen zu müssen. Es gibt Mittel und Wege, zur höheren Erkenntnis während des Erdenlebens zu kommen – ja, es ist unsere Mission, dies zu tun. Es ist der Grund, warum Gott Mensch geworden ist.»

Pfingsten *2021* *Joseph Morel*

Bisher war ich es gewohnt, zu Menschen zu sprechen, die mit der Anthroposophie bereits vertraut sind, teilweise auch schon über Jahre hinweg, zu Menschen also, die sogar noch weit mehr als über Grundkenntnisse der anthroposophischen Anschauung des Menschen verfügen. Heute Abend sind diese Vorbedingungen andere. Es ist dies ein *öffentlicher* Vortrag, der sich tatsächlich vor allem an Menschen richtet, die sich für dieses Thema interessieren, aber keine tieferen anthroposophischen Vorkenntnisse haben. In diesem Sinne möchte ich versuchen, den heutigen Abend zu gestalten, weshalb ich um Verständnis bei all jenen bitte, die wohl mit vielem, was im Folgenden gesagt werden soll, bereits vertraut sind und daher womöglich wenig Neues erfahren werden.

Es sind besondere Vorkenntnisse für das Thema Reinkarnation und Karma-Erkenntnis meines Erachtens auch gar nicht nötig. Sie werden gewiss im Laufe des Abends den Eindruck gewinnen, dass sich eigentlich jeder mit diesem Thema auf die Art auseinandersetzen kann, wie es heute Abend geschehen soll. Und dass jeder, der als einzige Voraussetzung seine Unbefangenheit mitbringt, sogar recht leicht zu mehr als einem „Glauben" an die Reinkarnation, nämlich zu einem auf Selbstbeobachtung und Selbsteinsicht gegründeten Wissen darum kommen kann, dass es etwas gibt wie die geistige Welt, dass es die Realität der Wiedergeburt gibt und dass der Mensch innerhalb eines Wiedergeburtszyklus' ein Karma, einen individuellen Schicksalslauf durchmacht.

Zu dieser Überzeugung kann man tatsächlich von allein kommen, ohne dass man fremdes Wissen, fremde

Erkenntnisse als einen schlichten Glaubensinhalt hinnehmen muss. Man braucht dafür gar nicht einmal sehr viel, und ich bin sicher, jeder von Ihnen hat sich die Grundkenntnisse über dieses Thema auch ohne Anthroposophie schon längst erworben. Möglicherweise haben Sie es sich nur noch nicht so deutlich zum Bewusstsein gebracht. Wenn wir die vielfältigen Ereignisse des Lebens, die uns tagtäglich begegnen, etwas feiner zu beobachten lernen und uns dazu bringen, sie in einer ruhigen Minute bewusst zu reflektieren, dann haben wir schon ein gutes Stück anthroposophischer Arbeit geleistet.

So hat sich vermutlich jeder von uns schon die Frage nach dem Sinn des Lebens gestellt – die vermutlich größte, bedeutungsvollste Frage überhaupt. Ich meine, dass man sich diese Frage mit vollem Recht stellt, sie muss nicht erst aus einer Verzweiflungssituation heraus bewegt werden.

Leider vereinnahmt die gegenwärtige Art unseres Lebens nicht selten die Aufmerksamkeit des Menschen für diese Grundfrage des Daseins, so dass sie vielleicht zu wenig verfolgt wird, um im einzelnen Menschen befriedigend beantwortet zu werden. Oder sie wird erst aufgeworfen, wenn ein Mensch an dieser gegenwärtigen Art des auf die Äußerlichkeiten der Welt gerichteten Lebens zerbricht, wenn ein Schicksalsschlag oder eine Lebenskrise eintritt. Sicher gibt es in unserer Gesellschaft auch eine Haltung, die aus einer wirklich tief materialistischen Grundüberzeugung resultiert und die zu einer (scheinbaren) Überlegenheit oder Herablassung gegenüber Menschen führt, die sich fragen, ob das menschliche Dasein sich vielleicht doch über die Grenzen des Sinnlich-Sichtbaren erstreckt. Es wird dann solchen nachdenklich gewordenen Menschen mitunter eine labile Psyche attestiert, oder man tut solche Fragen als eine vorübergehende Folge einer Midlifecrisis ab. – In den seltensten Fällen trifft dies zu. Und selbst wenn eine seelische Krise der Auslöser für die Frage nach dem Sinn des Daseins wäre, so müsste man dieser Krise sogar dankbar sein. Denn mit einer solchen Frage rühren wir schließlich an die Grundbedingungen unseres Handelns. Wir müssen uns dann unweigerlich auch die Frage stellen, warum wir dieses oder jenes im Leben tun. Denn unsere Handlungen hängen doch im eminentesten Sinne mit der Frage nach dem Sinn unseres Daseins zusammen.

Wie gesagt, es ist eine große Frage, und gewiss kann man sie sich zunächst gar nicht erschöpfend beantworten. Aber man kann sie vielleicht zunächst auf eine etwas niedrigere Ebene stellen, indem wir uns sagen: Kann ich die Frage nach dem Sinn des menschlichen Daseins nicht auch auf mich persönlich anwenden? Ich könnte die Frage etwas umformulieren: Was ist der Sinn *meines* Lebens? Woher hat mein Leben als solches einen Sinn, eine Berechtigung, und wie kann ich meinem Leben einen Sinn verleihen? Oder: wann erlebe ich mein Leben eigentlich als sinnhaft?

Eines der ersten großen Schicksalsereignisse im Leben eines Menschen, eine schicksalhafte Entscheidung in jungen Jahren, die einen dazu führt, diese Frage aufzuwerfen, ist in der Regel die Berufswahl. Spätestens an diesem Punkt der Biographie stellt man sich zum ersten Mal die Frage: Mit was möchte ich die Lebensspanne, die jetzt vor mir liegt, eigentlich ausfüllen, damit dieses Leben einen Sinn für mich erhält?

Das ist so ein Punkt im Leben, an dem der Mensch versucht, sich an etwas zu orientieren, das ihm die Aussicht auf künftige Sinnhaftigkeit seines weiteren Lebens zu geben vermag. Er blickt auf seine Interessen, auf seine bestimmten individuellen Fähigkeiten oder Begabungen. Es kristallisiert sich in der Regel an diesem Punkt bald heraus, in welche Richtung man gehen will, um dieses Leben als sinnhaft zu erleben.

Nun sind vielleicht einige unter Ihnen, die schon einmal von Menschen gehört haben – oder auf die es selber zutrifft –, die sagen würden: Ich habe eigentlich gar keine Begabungen oder besonderen Fähigkeiten. Ich weiß auch nicht, wohin mit mir. Ich weiß nicht, was ich machen soll. Einen Lebens-Ruf, eine Berufung zu einem Beruf empfinde ich gar nicht. – Aber das ist meines Erachtens eine fatale Illusion. Gott sei Dank ist es eine Illusion! Denn der Mensch hat natürlich immer eine Aufgabe im Leben. Er hat immer eine Bestimmung, hat immer eine Aufgabe zu erfüllen als Mitglied im gesellschaftlichen Zusammenhang.

Zu einem nicht unerheblichen Maße ist auch unser gegenwärtiges Menschenbild, unsere Auffassung von sozialem Status daran schuld, wenn ein Mensch so denkt, denn in unserem Kulturkreis wird allgemein beispielsweise ein Wirtschaftsmanager oder ein Arzt als höherstehend, „wertiger“ betrachtet als ein Bäcker oder ein Bauarbeiter. Wenn man das aber von einem anderen Gesichtspunkt betrachtet, wenn man das große Ganze des Menschen-Zusammenhangs in Betracht zieht, zeigt es sich schnell, dass diese Auffassung ein großer Irrglaube ist.

Stellen Sie sich vor – es ist dies nun ein etwas an den Haaren herbeigezogenes Beispiel –, wenn es keinen Bäcker gäbe, dann könnte der Arzt sein Abendbrot nicht essen, hätte morgens nichts gefrühstückt und wäre vielleicht zu schwach, um seine Patienten zufriedenstellend zu behandeln. Oder er würde gar nicht erst in seiner Praxis ankommen, weil niemand die Straße gebaut hätte, die zu der Praxis hinführen muss. An einem solchen im Grunde banalen Beispiel kann sich schon jedes Kind leicht vor Augen führen, dass im sozialen Gesamtzusammenhang jeder Mensch eine unverzichtbare Aufgabe erfüllt. Nichts an der Arbeit des Bauarbeiters ist weniger zu bewundern als an der des Arztes. Es handelt sich schließlich nicht nur um eine Begabung, gewisse feinmotorische Bewegungen wie bei der Schlüsselloch-Chirurgie ausführen zu können, sondern es handelt sich ebenfalls um eine Begabung oder Fähigkeit, ein erhebliches Pensum kräftezehrender physischer Arbeit zu leisten oder eher monoton erscheinenden Tätigkeiten wie dem stunden- oder tagelangen Pflasterstein-Setzen, die notwendige Ausdauer gegenüber aufzubringen, ohne davonzulaufen, bevor die Straße auch wirklich fertig ist.

Es ist wie in einem Orchester: Wenn alle Musiker die erste Geige spielen wollten, könnten wir nie ein Klavierkonzert hören.

Wenn also jemand seine Zweifel daran äußert, dass er Begabungen oder Fähigkeiten habe, dann liegt es nicht daran, dass er keine hat – denn er hat sie –, sondern es liegt eher daran, dass es ihm schwerfällt oder schwer gemacht wird, sie als solche zu identifizieren und einzusetzen.

Wir können dieses Orchester, in dem jeder Mensch in seinem individuellen Sein innerhalb der menschlichen Gemeinschaft gebraucht wird, einen „sozialen Organismus" nennen. Vielleicht haben Sie diesen Begriff schon einmal gehört. Das Wort „Organismus" ist ein sehr treffendes, weil man anstelle des Orchesters auch an einen physischen Leib, an einen Körper mit seinen schier unendlich vielen Eigenschaften und Funktionen denken kann. Betrachten wir den physischen Leib, sehen wir, dass jedes einzelne Organ eine bestimmte, unverzichtbare Aufgabe hat, die von keinem anderen Organ übernommen werden könnte. Nicht wahr, wenn das Herz ausfällt, kann nicht die Lunge die Funktion des Herzens übernehmen. Versagt die Leber, ist es nicht damit getan, dass die Nieren arbeiten.

Da nun auch jeder Mensch unverzichtbar und unersetzbar in unserer menschlichen Gemeinschaft ist, scheint mir der Begriff des „sozialen Organismus" sehr passend. Nicht alle Menschen können diese Tatsache als eine Tatsache empfinden, was, wie gesagt, zumeist daran liegt, dass sie den Sinn ihres Lebens, ihre spezielle Lebensaufgabe, entweder nicht finden oder auch nicht ergreifen können. Das ist natürlich verheerend, weil das nicht nur den Einzelnen schwer belastet, sondern auch den gesamten sozialen Organismus, der schließlich erkranken muss wie der physische Organismus, wenn ein Organ Aufgaben zu übernehmen hat, wofür es nicht gemacht ist oder wenn es sogar ganz ausfällt. Der gesamte Menschheitsorganismus wird krank, wenn solche Missverhältnisse herrschen.

Es ist also nicht allein in Bezug auf das Persönliche eine absolute Notwendigkeit, dass der Mensch seinen Lebenssinn, seine Aufgabe findet, die zu ihm gehört in diesem Leben, das er nun lebt, sondern auch in Bezug auf die Vitalität und Gesundheit des Allgemein-Menschheitlichen. Es muss sich bei dieser Aufgabe auch nicht unbedingt um eine berufliche Tätigkeit im klassischen Sinn handeln. Ich spreche von einer *Lebensaufgabe*, die der Mensch, wenn er in sich geht, erfühlen kann, und die ist nicht zwingenderweise auf einen konventionellen Beruf im Sinne einer „Karriere“ bezogen. Gewiss, diese Lebensaufgabe, die „Berufung“ ist sehr häufig mit dem Beruf verbunden. Aber es steht für die Seele zunächst nicht die äußere Tätigkeit im Vordergrund, sondern die innere Empfindung.

Wer seine Lebensaufgabe zunächst nicht gefunden hat, mag sie vielleicht gerade dann empfinden, wenn er gerade etwas tut, was dieser Lebensaufgabe *nicht* entspricht. Tatsächlich kollidieren in unserer Gesellschaft häufig die äußeren Tätigkeiten eines Menschen (im Berufsleben) mit den unerfüllten Empfindungen seiner eigentlichen Lebensaufgabe, die er – aus welchen Gründen auch immer – nicht erfüllen kann.

Man kommt an der Tatsache nicht vorbei, wenn man sich unseren erkrankten sozialen Organismus ansieht, dass in ihm eine weitgehend materialistisch orientierte Auffassung vom Sinn des Lebens herrscht. Dieser Materialismus hat ein Wertesystem mit sich gebracht, in dem es die Individualität, also die unsterbliche, höhere Wesenheit eines Menschen recht schwer hat, sich innerhalb ihrer (sterblichen) Persönlichkeit zu entfalten. Es herrschen Werte-Vorstellungen vor, die mit der Erfüllung der individuellen Lebensaufgabe recht wenig zu tun haben. Wir haben heute die Werte-Vorstellung: Du musst erfolgreich sein! Oder: Wenn du erfolgreich bist, dann verdienst du eine Menge Geld. – Erfolg haben und Geld verdienen ist offensichtlich zu einer Art Synonym geworden. Das ist natürlich absurd, denn die Erfüllung der Lebensaufgabe liegt zweifellos eher in seltenen Fällen darin, unbedingt viel Geld zu verdienen. Der Erfolg, eine Lebensaufgabe ausführen zu können, den Sinn im Leben, durch das, was man tut, bis in die Seelentiefen hinein zu empfinden, ist eine ideelle, keine materielle Angelegenheit.

Das sogenannte Burnout-Syndrom ist mittlerweile zu einer Volkskrankheit avanciert. Anscheinend müssen die Verhältnisse erst bis zum Äußersten kommen, auch gesundheitlich, bis der Mensch beginnt sich bewusst zu machen, dass seine Erschöpfung vielleicht nicht unbedingt daran liegt, dass er zuviel arbeitet, sondern dass sie daran liegt, dass er nicht das arbeitet, was er als seine persönliche Aufgabe empfinden kann. Oft wird erst durch eine solche Lebenskrise deutlich: Was ich tue, liegt mir eigentlich nicht. Ich tue es nur, weil mir keine Möglichkeit gegeben wird, etwas anderes zu tun, oder weil es von mir erwartet wird, oder weil ich glaubte, die beeindruckenden wirtschaftlichen Erträge aus der Arbeit würden mir Erfüllung schenken.

Das ist eine tragische Entwicklung, die ganz gegen den einzelnen Menschen gerichtet ist, die gegen ihn, gegen sein Leben, gegen seine Lebensverwirklichung, ja Lebenswirklichkeit geht.

Auch wenn wir jetzt das Vortragsthema zu Beginn unserer Betrachtung einmal auf die tägliche Arbeit des Einzelnen beschränken, so kann dieser Blick schon eine Einführung in noch weitere Aspekte geben.

Als ich aufwuchs – es ist noch nicht ganz so lange her, aber immerhin gut vier Jahrzehnte – hatten die Eltern einen *Beruf*. Und das Kind wurde gefragt: Was willst Du später als *Beruf* ausüben? Heute verwendet man diesen Begriff kaum noch. Heute heißt das *Job*. Es geht mir in diesem Fall nicht um die schleichende Korrumpierung der deutschen Sprache, sondern darum, dass dieser „Wort-Wechsel" eine Veränderung der Auffassung von dem anzeigt, was diese Arbeit des Einzelnen eigentlich ist. Während früher, als man das Wort *Beruf* verwendete, mit dem „Beruf" oft eine Art lebenslange Identifikation mit der Arbeit einherging, deutet das Wort *Job* eine Loslösung davon an. Der „Job" ist nicht unbedingt etwas Dauerhaftes. Er kann schnell mal gewechselt werden, bezeichnet mal diese, mal jene Arbeit.

Der Beruf war früher noch eher eine Berufung, man fühlte sich zu einer bestimmten Aufgabe gerufen. Beim unsteten Job steht meist im Vordergrund, dass er Geld einbringt, mit dem man sich über Wasser halten kann. Man macht einen Job, um sich das Überleben zu finanzieren.

In dieser heute weit verbreiteten Auffassung von dem, womit man immerhin einen Großteil seiner Lebenszeit verbringt, liegt ein beißender Zynismus, ohne dass er als solcher erkannt wird. Erfühlt wird er indes sehr wohl. Aber es braucht heute noch einen Schritt vom Erfühlen zum Erkennen. Das Dasein der menschlichen Individualität und ihrer Bestimmung wird durch diese Art der Auffassung von der beruflichen Lebensaufgabe im Grunde negiert. Der Mensch kann darin unmöglich eine Sinnhaftigkeit erleben. Wird die Arbeit weiterhin so aufgefasst, muss sich der Mensch wie ein Sklave äußerer Umstände fühlen, die er nicht beeinflussen kann. Er muss sich wie hineingeworfen in sein eigenes Leben fühlen, in eine Welt, deren Gesetzen seine Seele unweigerlich ausgeliefert ist. Er kann – wenn er das Leben so begreift – schwerlich etwas in der Welt verwirklichen, was ihn die Sinnhaftigkeit, den Grund seines Daseins in der Welt erleben lässt, denn er erlebt: ich arbeite, um Geld zu verdienen; und Geld *muss* ich verdienen, um mich am Leben zu halten. Eine Zufriedenheit, wie man sie durch die Erfüllung seiner wahren Berufung erlebt, kann nicht eintreten.

Eine Initiative wie die für ein „bedingungsloses Grundeinkommen“ stützt sich auf die Erkenntnisse und Bemühungen Rudolf Steiners, des Begründers der anthroposophischen Geisteswissenschaft, um die konsequente Trennung der gegenwärtig unheilvoll miteinander verknüpften Begriffe von *Arbeit* und *Einkommen*. Statt dass der Mensch sich sagen muss: ich arbeite, um Geld zu verdienen, sollte es in Wirklichkeit heißen: die soziale Gemeinschaft stellt mir so viel Einkommen zur Verfügung, dass ich meinen Lebensunterhalt davon bestreiten kann und auf diese Weise freigestellt bin, um diejenige Arbeit ausführen zu können, zu der ich mich tatsächlich berufen fühle und durch die ich dem sozialen Organismus wiederum etwas zurückschenken kann, das er für seinen Unterhalt braucht.

Sie werden einsehen, dass diese Herangehensweise diametral verschieden zu den Prinzipien unserer gegenwärtigen Sozial- und Arbeitswelt ist. Tatsächlich hängt ein nicht unerheblicher Teil des persönlichen Karmas von der Trennung von Arbeit und Einkommen im Sinne Rudolf Steiners ab. Denn seine karmischen Vorhaben, seine gesteckten Lebensziele will der Mensch schließlich auf der Erde *verwirklichen*. Er will den Sinn seines Daseins unmittelbar erleben: Er will durch das, was er durch seine individuellen Begabungen und Fähigkeiten der sozialen Gemeinschaft als seine Arbeitsleistung spenden kann, für diesen sozialen Organismus *nützlich* sein. Das will er empfinden können! Er will die Befriedigung empfinden, dass seine Arbeit, die er gerne tut, weil sie seine individuellen biographischen, karmischen Vorhaben umsetzt, von der Gemeinschaft gebraucht und geschätzt wird. – Und um diese karmischen Vorhaben verwirklichen zu können, muss er vollkommen *frei* sein. Frei von der seelischen und physischen Bürde, sich für seinen Lebensunterhalt verdingen zu müssen.

Wenn die Menschheit diesen einfachen Grundgedanken fassen könnte, wäre durch die Veränderungen, die sich in der Arbeitswelt dadurch ergeben würden, sofort Raum für eine neue Auffassung von der menschlichen Wesenheit als solcher und vom (spirituellen) Sinn ihres Daseins geschaffen.

Fasst die Menschheit diesen Gedanken nicht, verbaut sie sich sukzessive einen Zugang zur Empfindung und zur Erkenntnis ihrer wahren, nämlich *geistigen* Wesenheit und Entwicklungsaufgabe. Wer seinen „Job" auffasst wie eine Strafarbeit, die man bis zur Rente lakonisch absitzen muss und möglichst schnell hinter sich bringen will, der wird sich – wie es heute auch immer häufiger geschieht – gegenüber der berechtigten Empfindung der Unsinnigkeit eines solchen Daseins betäuben wollen. Er wird trinken, Drogen konsumieren oder sich nach der Arbeit vom Fernsehprogramm berieseln lassen oder in die illusionäre Parallelwelt der „virtual reality" abtauchen, in die „sozialen Netzwerke", in Chat-Foren oder Gaming Communities fliehen, in denen ihm die wahre, lebendige Identität seiner Gesprächspartner nie offenbart wird, ja in denen es gang und gäbe ist, sich ein erfundenes Profil zu geben.

Diese Entwicklung muss und wird tragisch enden, weil der Mensch nicht in der Wirklichkeit leben will. Für das Leben hier auf der Erde bedeutet das für die einzelne Seele, dass sie krank wird, dass sie depressiv wird, dass sie nicht mehr gut schlafen kann – denn im Schlaf wird man mit der Wirklichkeit konfrontiert, weil die Seele in die geistigen Regionen der Wahrheit aufsteigt. So versucht man schließlich die unangenehme Konfrontation mit der Wahrheit zu verdrängen, schneidet das Traumleben und das natürliche Tiefschlaf-Erleben durch die Wirkung von Schlaftabletten ab, was wiederum zu neuen psychischen und auch physischen Erkrankungen führt. Es beginnt ein Teufelskreis.

Kann sich das Karma nicht verwirklichen, das sich die Seele zurechtgelegt hat, stellt das – wie vorhin schon gesagt – nicht nur eine Katastrophe für den einzelnen betroffenen Menschen dar, sondern für den gesamten sozialen Organismus.

Ich habe diesen Punkt so ausführlich behandelt, um an einer grundlegenden Lebenstatsache, die jeden Menschen betrifft, darauf aufmerksam zu machen, dass die Frage nach dem Sinn des Lebens, des individuellen Lebens – selbst wenn sie nicht immer bewusst so gestellt wird – mit einer ungeheuren Wucht daherkommt, dass sie letztlich das gesamte Dasein des globalen sozialen Organismus' entscheidend prägt. Man kann im Hinblick auf die gegenwärtigen Verhältnisse dieses sozialen Organismus' sagen: das Nichtempfinden, das Nichtergreifen der persönlichen Lebensaufgabe stellt uns vielleicht am deutlichsten vor Augen, dass es sie wirklich gibt, diese individuelle Lebensaufgabe, denn an diesen Verhältnissen ermessen wir, ob wir unser Leben als sinnvoll empfinden oder nicht.

Jetzt können wir einen weiteren Schritt in unserer Betrachtung machen. Wir können uns fragen: Woher kommt denn überhaupt so eine Lebensaufgabe, wie entsteht sie eigentlich? Wer hat mich „berufen“ zu einem bestimmten Beruf, zu dem es mich hinzieht? Und wer oder was hat mir meine individuellen Begabungen verliehen, hat mich mit bestimmten Fähigkeiten *begabt*? – Achtet man auf diesen Ausdruck genauer, so stellt man fest, dass man ein Partizip verwendet, dass hier ein Verb gebraucht wird, das ins Passiv gesetzt ist. Ist man begabt, so ist man mit einer Gabe *ausgestattet worden*. Manchmal hört man auch, wenn sich Menschen über die besondere Begabung beispielsweise eines Künstlers unterhalten, die Wendung: das hat der „mitgebracht", oder: das hat der „mit ins Leben gebracht".

In dieser Formulierung, die wohl meistens eher gedankenlos dahingesagt wird, ist aber schon ein kleiner Hinweis enthalten, der uns auf die Frage nach der Reinkarnation und dem Karma aufmerksam machen kann.

Jemand hat also eine Begabung „mitgebracht ins Leben". Das heißt, er hat ein Talent für eine bestimmte Tätigkeit, die ihm auf einem Niveau auszuüben gelingt, das andere auch mit energischem Üben nicht erreichen. Sie musste nicht anerzogen werden, sondern die Begabung für die jeweilige Tätigkeit war da, ohne dass sie zuvor übermäßig trainiert wurde, was sich oft schon im frühen Kindesalter zeigt. Der Betreffende bringt die Lust an dieser Tätigkeit mit, so dass ihm auch das Üben leichter fällt und der Fortschritt schneller gelingt als anderen.

Jetzt gibt es zwei grundsätzliche Möglichkeiten, wie man versuchen kann, sich zu erklären, woher eine solche Begabung, Berufung eigentlich kommt:

Die eine Möglichkeit ist, dass man die Antwort auf diese Frage in den materiellen Daseinsbedingungen sucht, dass man also seine Suche einzig auf das richtet, was man mit den äußeren Sinnen wahrnimmt beziehungsweise über einen Umweg mithilfe technischer Mittel.

Die zweite Möglichkeit ist, dass man voraussetzt, dass dem Menschen etwas Höheres innewohnt – wir lassen es erst einmal bei dieser vagen Formulierung –, also etwas Höheres, das ihn auch zu seinen ethischen, das heißt selbstlosen Handlungen motiviert.

Zu welchen Argumenten und Ergebnissen kommt nun derjenige, der die Antwort auf die gestellte Frage in der rein materiellen Welt sucht? Er wird sagen: Das kommt selbstverständlich von den Genen! Dass ein Mensch eine bestimmte oder mehrere Begabungen oder spezifische Interessen mit ins Leben bringt, liegt in der Gen-Kombination begründet. – Nun muss man zugeben, dass diese Antwort auf der Ebene des Materiellen durchaus richtig ist. Die genetische Information jedes einzelnen Menschen ist vollständig individuell, und man wird künftig ganz sicher Gene oder Genmutationen entdecken, die man dann als Quelle von bestimmten natürlich auftretenden Talenten bei einem Menschen identifizieren kann. Aus dem Gen-Pool des Elternpaares ergibt sich also diese Gen-Kombination, die unter anderem für naturhaft auftretende, also oft schon im frühen Kindesalter sichtbar werdende Fähigkeiten und Interessen verantwortlich ist. Mit dieser Aussage wird sich aber jeder einigermaßen nachdenkliche Zeitgenosse nicht zufriedengeben. Er wird weiter fragen: Warum sind es denn ausgerechnet *diese* Gene, die aus dem großen Gen-Pool der Eltern heraus zu eben jener Kombination zusammengestellt werden, die mich – mit meinen Begabungen, speziellen Interessen und von Natur veranlagten Sehnsüchten – ausmacht?

Aus der Wissenschaft hört man bezüglich dieser Frage von einem Ergebnis, das in Wahrheit keines ist. Es wird behauptet, es sei die „Genlotterie" für diese Kombination verantwortlich. Mit anderen Worten, der Mensch sei schlicht ein Zufallsprodukt des Befruchtungsvorgangs. Willkürlich und wahllos würden die Gene zusammengestellt.

Nun, abgesehen davon, dass doch – wäre dies wahr – nur eine verschwindend geringe Wahrscheinlichkeit bestünde, dass sich die Gene *immer* zu einem *sinnvollen* Gebilde zusammenstellen, (was allerdings ja der Fall ist,) einem Gebilde, das stets als *Mensch* identifiziert werden kann und in seiner hochkomplexen Organisation und erstaunlich effizienten „Funktionstüchtigkeit" so genial ist, dass nichts annähernd Vergleichbares vom Menschen selber reproduziert, geschweige denn ausgedacht werden könnte – ist die These vom „Zufallsprodukt Mensch" auch nicht zu Ende gedacht. Sie führte nämlich die Grundlagen des im Alltag gelebten menschlichen und zwischenmenschlichen Selbstverständnisses, die Grundlagen der Ethik und die Grundlagen aller sozialen Gemeinschaften, ja auch der Rechtsstaatlichkeit ad absurdum. Der Mensch wird durch die Behauptung, er sei ein Zufallsprodukt der Genlotterie de facto „ent-Icht". Der Mensch wäre nichts anderes als ein Automat. Er wäre sozusagen fremdbestimmt, nämlich von seinen

Genen, die er weder ausgesucht hat, noch unter Kontrolle haben kann. Er wäre eine Marionette der Laune der Evolution.

Konsequent zu Ende gedacht, müsste das aber bedeuten, dass jede moralische Instanz abgelehnt, negiert würde; dass die Rechtsprechung, überhaupt die Gesetze umgeschrieben werden müssten, zumindest das Bürgerliche Gesetzbuch und das Strafgesetzbuch, letztlich aber alle Gesetzbücher. Ja, man könnte eigentlich die Rechtsprechung komplett abschaffen und auf die Gesetzesbücher ganz verzichten. Ein Gewaltverbrecher könnte niemals bestraft werden – schließlich ist er doch der Sklave seiner Gene, er wäre unzurechnungsfähig, schuldunfähig. Dasselbe müsste dann aber auch für den Parksünder gelten, der sein Auto rücksichtslos ins Halteverbot stellt und so eine Güterverladung oder den Fußgängerverkehr behindert. Wo zieht man da die Grenze?

Sie sehen also, man stößt irgendwann an eine Grenze, wenn man das rein materialistische Welt- und Menschenbild zur Klärung der Eingangsfrage nach der Berufung oder den natürlichen Begabungen eines Menschen heranzieht. Es kann weder die Frage, woher mein persönliches, individuelles Wesen und meine Begabungen herkommen, zufriedenstellend beantworten, noch kann es die Empfindung erklären, eine bestimmte Lebensaufgabe zu haben. Die Begabungen sind es in Wahrheit auch gar nicht, die die Berufung oder die Lebensaufgabe direkt ausmachen. Die Begabung mag es leichter machen, einen bestimmten Beruf zu ergreifen, eine Lebensaufgabe zu verwirklichen. Aber die Lebensaufgabe kann sich auch erst im Laufe des Lebens entwickeln oder zeigen. Sie kann sogar auf einem völlig anderen Gebiet liegen als auf dem des Berufs und erfordert auch nicht unbedingt ein bestimmtes Talent.

Wendet man sich nämlich der zweiten Möglichkeit einer Beantwortung der Ausgangsfrage, woher eine Begabung kommt, zu, die ein höheres, nicht materielles Wesen innerhalb des Menschen, also einen Seelenkern voraussetzt, kann man nicht nur Antwort auf die Frage nach den individuellen Begabungen, sondern sogar Antwort auf die Frage finden, inwiefern eine Lebensaufgabe ohne jede Begabung überhaupt vorhanden sein und Erfüllung finden kann. Es gibt viel mehr Menschen mit Lebensaufgaben, die unabhängig von ihren besonderen Fähigkeiten und damit von einer „günstigen" Gen-Kombination sind, als man zunächst glauben mag.

Nehmen wir einmal ein besonders ungünstiges oder tragisch wirkendes Schicksal wie zum Beispiel die tödliche Erkrankung eines Kindes. Da wird man sich fragen können: Was hat denn das Kind überhaupt für Möglichkeiten gehabt, seine Begabungen zu einem Beruf werden zu lassen? Es hatte diese oder jene günstigen Anlagen, aber es ist verstorben, noch bevor es sie einsetzen konnte. Kann es dann überhaupt eine Lebensaufgabe gehabt beziehungsweise verwirklicht haben? – Gewiss, es spielen in solche Schicksalsverläufe immer verschiedene Aspekte hinein. Aber nicht selten lässt sich spätestens im Nachhinein sagen: Ja, dieses Kind hatte eindeutig eine Lebensaufgabe. Und es hat sie erfüllt! Es hatte die Aufgabe, seine Eltern durch seine todbringende Erkrankung und seinen Umgang mit dieser Erkrankung – oft hört man von der Ruhe und Gelassenheit sterbenskranker Kinder – zu einem anderen Bewusstsein gegenüber dem Leben und dem Tod, von dem Wesentlichen im Leben zu bringen. Welche großartige, aufopferungsvolle Lebensaufgabe, zwei Menschen zu einer Reflexion über den wahren Wert des Lebens zu führen! – So haben auch viele sogenannte behinderte Menschen oft die Lebensaufgabe, schlicht durch die Art ihres Daseins in ihren Betreuern soziale Kompetenzen zu wecken, Anteilnahme und Hilfsbereitschaft in ihnen auszubilden.

Bedient man sich also der zweiten Möglichkeit, die Eingangsfrage zu ergründen, wird man dazu kommen, den seelischen oder geistigen Kern des Menschen als die Quelle seiner Sehnsüchte und Handlungsmotive anzusehen.

Jetzt haben wir aber noch immer nicht geklärt, woher diese individuelle Lebensaufgabe, die wir mehr oder weniger stark empfinden, erahnen oder bewusst erkennen, tatsächlich kommt. Wir haben bereits gesagt, es ist schon seltsam, dass man sie empfindet, bevor man sich überhaupt zum Bewusstsein bringt, dass man sie hat – auch wenn der tragische Fall vorliegt, der ja nicht selten vorkommt, dass man sie sich überhaupt nicht zum Bewusstsein führt, aber durchaus an den Folgen ihrer Nicht-Erfüllung leidet. Sie ist also da – ob wir es uns bewusst machen oder nicht. Sie ist von Anfang an da. Aber sie kann unmöglich aus einer Zeit im Beginn unseres Lebens kommen, also aus einer Zeit, in der wir uns selbst gegenüber noch gar kein Bewusstsein hatten, als wir noch Säuglinge waren. Als Säuglinge haben wir uns unseren Lebensplan, unsere Lebensherausforderungen, unsere Sehnsüchte und Ziele ganz sicher nicht gesetzt.

All das muss konsequenterweise bedeuten, dass die Berufung zu unserer Lebensaufgabe, aber auch unsere natürlichen Talente aus einem Zusammenhang, aus einem zeitlichen Rahmen herrühren müssen, der *vor* dem Säuglingsstadium liegt. Wir müssen also zurückblicken in ein *vorgeburtliches* Dasein. Ja, wir müssen erst einmal eine vorgeburtliche Existenz unseres eigentlichen Seelenkerns voraussetzen, bevor wir versuchen können, in ein solches Daseinsstadium hineinzuleuchten.

Im Grunde sind es also ganz nüchterne Beobachtungsvorgänge, die uns darauf hinweisen, dass wir einmal in einem Zustand existiert haben müssen, in dem wir keinen materiellen physischen Körper bewohnt haben. Wir müssen da gewesen sein, bevor wir uns „inkarniert" haben.

Dieser Gedanke ist für viele Menschen heute schwer zu fassen, denn die Identifikation mit dem stofflichen Körper ist so groß, dass sie sich untrennbar als eins mit ihm erleben. Zu denken, sie seien auch ohne diesen Körper – nämlich als *Bewusstsein* ihrer selbst und ihrer Welt – vorhanden, erscheint ihnen unmöglich. Die Vorstellung ist: Ist mein Körper weg, bin ich auch weg.

Man kann versuchen, einem solchen Menschen eine Brücke zu bauen, indem man ihn bittet, sich die Frage zu beantworten, ob er nach einem Verlust all seiner Gliedmaßen der Meinung sein würde, er sei nur noch zur Hälfte er selber, weil ihm die Hälfte seines Körpers fehle, oder ob er der Meinung sei, dass er trotz des Verlusts seiner Gliedmaßen immer noch *er* wäre, also dieselbe Person mit demselben Bewusstsein, mit derselben Fähigkeit zu fühlen und so weiter. Man wird von einem solchen Menschen (mit einem materialistischen, also rein stofflichen Weltbild des Sinnlich-Wahrnehmbaren) vielleicht zu hören bekommen, dass er schon durchaus glaube, dann noch „da" zu sein, auch wenn er Teile seines Körpers eingebüßt hätte. Aber man muss damit rechnen, dass trotzdem noch Einwände kommen – wie: Solange man einen Kopf hat, ist man noch da, ist man derselbe, denn im Kopf steckt das Bewusstsein. Dies könne man schließlich an der Demenz erkennen, bei der sich das Gehirn abbaut und damit auch der Mensch „verschwindet". Solche Argumente hört man häufig, wenn man sich mit Menschen unterhält, die von der gegenwärtigen, materialistischen Weltanschauung überzeugt sind.

Dabei ist es eine Täuschung zu glauben, der Mensch sei nicht mehr da, wenn sich sein Gehirn abbaut! Der Mensch geht selbstverständlich nicht verloren oder zugrunde, wenn sich sein Gehirn abbaut. Seiner Natur nach ist er tatsächlich eine rein geistige Wesenheit, die niemals verschwindet. Baut sich das Werkzeug seiner irdischen Behausung ab, vermag er es nicht mehr so zu gebrauchen wie ein intaktes Werkzeug. Die Effekte, die er für alle Augen sichtbar in der physischen Sinneswelt mit seinen defekten Werkzeugen bewirken kann, sind selbstverständlich nicht mehr solche, wie sie von ihm erzielt werden konnten, als seine Werkzeuge noch nicht abgenutzt waren.

Nehmen wir also einmal an: es gibt ein vorgeburtliches Dasein, einen Zustand, in dem der Mensch vorhanden ist als er selbst, aber ohne seinen Körper. Von dem, was wir von uns selbst hier auf der Erde kennen, bleibt unser gesamtes Wesen, bleiben unsere Gedanken, unsere Empfindungen, unsere Willensimpulse. Wir wären also zu all dem weiterhin befähigt, nur dass wir das nicht innerhalb eines Körpers erleben, in dem wir eingeschlossen sind. Wir wären also als selbstbewusste und eine körperlose, aber dafür Wesen-erfüllte Welt wahrnehmende Seelenkerne vorhanden. Wenn nun das, was wir als Lebensaufgabe bezeichnet haben, schon vor dem Säuglingsstadium vorhanden war, so müsste diese Lebensaufgabe definiert, geplant worden sein in diesem körperlosen, vorgeburtlichen Existenzzustand. Und da wir uns damals schließlich *bewusst* waren, da wir nicht unser Bewusstsein verloren hatten, sondern bloß der Körper noch nicht bezogen war, ist davon auszugehen, dass wir beim Zurechtlegen unserer künftigen Lebensaufgabe, beim Zusammenstellen der Begabungen und Voraussetzungen, die wir für die Erfüllung dieser Lebensaufgabe brauchen, dabei waren. Ja, könnte es nicht sogar sein, dass wir es selbst waren, die sich all diese Bedingungen zurechtgeschneidert haben, die wir dann später im Erdenleben als so eindeutig unsere eigenen erfühlen? Vielleicht haben wir einmal viel mehr von all diesen Umständen und Ursachen gewusst, die unser heutiges Leben auf der Erde prägen, und wir haben es womöglich dadurch vergessen, dass wir in einen Körper eingetaucht sind, der mit Sinnesorganen und Gliedern für die materielle Welt ausgestattet ist, in der wir ja unsere Lebensarbeit umsetzen sollen, die uns aber von der Erinnerung an die vorgeburtlichen Bewusstseinszustände abhalten. Mit der Geburt sind wir – unser bewusstes Selbst – in den Körper, in seine Glieder und Sinnesorgane, untergetaucht und waren damit vermutlich zunächst damit beschäftigt, die physische Sinneswelt zu erkunden. Wir müssen uns erst allmählich wieder besinnen auf unseren Ursprung und unser eigentliches, nämlich vom Körper letztlich unabhängiges Selbst.

Und diese Besinnung kann, wie gesagt, einsetzen, wenn wir – vielleicht zunächst nur dumpf – erfühlen, später bewusst erkennen, dass wir die ganze Zeit über einen Plan mit uns herumgetragen haben, dass wir auf ein Ziel zustreben oder zumindest auf der Erkenntnissuche nach diesem Ziel sind, das aber auf der imaginären Landkarte, die wir in uns tragen, schon von Anbeginn verzeichnet ist.

Lassen wir also das einmal als Hypothese stehen und gehen einen Schritt weiter: Wir sind also eingetreten in dieses Erdenleben, und wir suchen, weil wir diese dumpfe Empfindung in uns verspüren, unsere eigentliche, unsere individuelle Lebensaufgabe, von der wir normalerweise ganz sicher spüren können, dass wir sie gefunden haben. Wir sind also ins Leben im Körper auf der Erde eingetreten und suchen unsere Bestimmung. Vielleicht finden wir sie, vielleicht finden wir sie nicht. Aber eines Tages kommen wir alle an der Schwelle an, die wir die Schwelle des Todes nennen.

Blicken wir jetzt einmal auf das, was dem Eintritt unseres bewussten Selbstes in den irdischen Körper gegenübersteht, beziehungsweise auf das, was dem vorgeburtlichen Daseinszustands unseres Selbstes gegenübersteht! Wir blicken jetzt nicht auf das Vorgeburtliche, sondern auf das Nachtodliche, also hinter die Todesschwelle. Was passiert da mit uns?

Das ist natürlich eine Frage, die die Menschheit seit eh und je bewegt. In früheren Zeiten war die Menschheit diesbezüglich noch etwas weiser als heute. Aber es ist möglich, zu einer solchen Weisheit wieder zu kommen und dabei alle unsere Entwicklungserrungenschaften, die uns von Stammeszusammenhang und Priester- oder Königsleitung Abhängigen zu autark denkenden Einzelwesen gemacht hat, beizubehalten und sie uns sogar für unsere Orientierungsfähigkeit in der geistigen Welt zunutze zu machen, in der wir außerhalb unserer körperlichen Sinnesorgane leben.

Wenn wir außerkörperliche Erfahrungen selbst noch nicht gemacht haben – wir haben sie in Wirklichkeit alle schon gemacht, machen sie ständig, nur bringen wir sie uns nicht immer oder nicht ganz zum Bewusstsein –, dann bekommt man einen gewissen Eindruck von dem, was uns nach der Todesschwelle erwarten könnte, durch die Zeugnisse der zahllosen Menschen, die einmal ein sogenanntes Nahtod-Erlebnis hatten.

Erst in der zweiten Hälfte des zwanzigsten Jahrhunderts hat man mit der systematischen Untersuchung solcher Zeugenaussagen begonnen. Erst vor einer relativ kurzen Zeit also erwachte das Interesse für solche Erfahrungen, beziehungsweise es war erst ab diesem Zeitpunkt überhaupt möglich für die Betreffenden, von ihren Erfahrungen zu berichten, ohne sofort als Träumer oder Verrückte abgestempelt zu werden.

Der amerikanische Psychiater Dr. Raymond A. Moody hat die ersten Zusammenstellungen von Aussagen solcher Menschen gemacht, die nach heutiger Definition für einen gewissen Zeitraum klinisch tot waren. Aussagen über Erlebnisse also, die nach medizinischem Ermessen nicht hätten erlebt werden können, weil die normalerweise für ein bewusstes Erleben und Wahrnehmen notwendigen Körperfunktionen nicht mehr vorhanden waren. Viele dieser Menschen wären wohl endgültig über die Todesschwelle gegangen, das heißt, in der geistigen Welt verblieben, wenn sie nicht durch die Möglichkeiten der modernen Medizin zurückgeholt, also wiederbelebt worden wären. Diese Umstände haben es mit sich gebracht, dass immer mehr Menschen von Wahrnehmungen und Erlebnissen berichten, die sie in einem Zustand gemacht haben, als ihr Körper, den sie oft bis dahin sozusagen mit sich selbst als identisch geglaubt hatten, ihnen keinerlei Möglichkeiten für irgendeine Wahrnehmung oder bewusste Erlebnisse bieten konnte.

Tatsächlich gibt es weltweit Abermillionen Menschen mit solchen Erfahrungen. Es ist mittlerweile auch für die hartgesottensten Materialisten unter den Wissenschaftlern unmöglich, sie alle für verrückt zu erklären – zumal die Grundpfeiler dieser Erlebnisse identisch sind. Allein in Deutschland sollen laut statistischen Erhebungen der

Technischen Universität Berlin über dreieinhalb Millionen Menschen eine Nahtod-Erfahrung gemacht haben.

Was uns nun im Rahmen des heutigen Vortragsthemas an diesen Zeugnissen besonders interessieren dürfte, ist die Tatsache, dass fast alle Betroffenen – unabhängig von ihrem religiösen, sozialen, ethnischen, geschlechtlichen oder Alters-Hintergrund und unabhängig davon, dass die Erlebnisse natürlich sehr individueller Natur sind – von einer Rückblende, einer Rückschau auf das gerade abgelegte Leben berichten, die sich meistens unmittelbar nach dem Schwellenübergang einstellt und die danach folgenden Wahrnehmungen und Erlebnisse einleitet.

Diese Lebensrückschau hat die Eigentümlichkeit, dass sie ganz und gar, man möchte fast sagen „überpersönlich“ durchgemacht wird. Die Betreffenden beschreiben sie oft wie einen sich (manchmal rückwärts, manchmal vorwärts) abspielenden dreidimensionalen Film ihres gesamten Lebens, der an ihnen blitzartig vorüberzieht, mit allen Details, die sie längst vergessen hatten, und mit sämtlichen Empfindungen, die mit der jeweiligen Szene verbunden waren, aber auch mit den Gedanken und Willensimpulsen, und zwar nicht nur den eigenen, sondern auch denen anderer Menschen, die involviert waren. Es werden die Lebensbegebenheiten aus der eigenen und zusätzlich und gleichzeitig aus der Perspektive der anderen Beteiligten erlebt, was die Rückschau sofort zu einem Mittel werden lässt, mit dem der persönliche Standpunkt abgelegt werden und stattdessen Objektivität erlebt werden kann. Die Rückschau hat also eine durchaus moralische Komponente, wobei die Betroffenen übereinstimmend betonen, dass sie sich dadurch zu keinem Zeitpunkt be- oder verurteilt gefühlt hätten. Das ganze Leben wird also aus einer unmittelbar „beteiligten“ Objektivität, Selbstlosigkeit angeschaut.

Bei vielen Menschen, die diese Nahtod-Erfahrungen machen – es hängt auch davon ab, wie lange ein Mensch in diesem Zwischenbereich verweilt, wie lang er also, äußerlich betrachtet, nicht bei Bewusstsein ist –, tritt im Anschluss an diese Rückschau eine höhere Instanz auf – oder die Betreffenden werden an diesem Punkt auf die Präsenz dieser höheren Instanz aufmerksam. Oft wird sie als eine Lichtgestalt beschrieben, die aber durch die Art ihres lebendigen Seins gleichsam die Quelle des Lichts ist – Licht in einem erlösenden, Leben spendenden, erhellenden und hoffnungsvollen, Zuversicht und Positivität spendenden Sinn. Zugleich wird sie als Inbegriff der Liebe empfunden.

Diese Liebe ist es auch, die den Menschen in seinem körperlosen Bewusstseinszustand in die Lage versetzt, ohne Einschüchterung oder erdrückende Schuldempfindung noch einmal das gerade Angeschaute zu reflektieren und sich dann die Frage vorlegen zu lassen: Was in deinem Leben, das du soeben noch einmal betrachten konntest als ein Ganzes, war gut und was weniger gut? – Diese Frage steht im Raum, und sie ist nach den Kriterien des Lichts und der Liebe, also nach den moralischen Prinzipien der hohen geistigen Instanz gestellt. Die Frage steht da: Welches von den vielen Dingen oder Handlungen, die du in deinem Leben getan hast, war wesentlich –

nach den objektiven Kriterien der Liebe und des Lichts? Und was war davon nach diesen Kriterien der Liebe und des Lichts (der Wahrheit) bedeutungslos beziehungsweise nicht förderlich? Was war altruistisch, was eher egoistisch?

Es reift die Einsicht, dass nicht alles, was wir an unseren Entscheidungen und Unternehmungen oder auch Vorstellungen und Beurteilungen bestimmter Situationen oder Menschen während des Erdenlebens für gut und richtig halten, auch wirklich gut und richtig *ist* im Licht der objektiven Wahrheit, im Licht der Liebe, welche Selbstlosigkeit ist. Die Nahtod-Erfahrenen bemerken oft erst an dieser Stelle, dass sich der Mensch während des Lebens im irdischen Zusammenhang darüber oft Illusionen macht. – In der tragenden, stützenden und verständnisvollen Gegenwart der geistigen Instanz können diese Reflexionen also von der Seele gemacht werden, ohne dass sie daran emotional zerbrechen müsste. Immer objektiver wird ihre Sicht auf die Dinge. Sie beginnt, alle Vorgänge auf der Erde in einem ganz anderen Licht – eben im Licht der hohen Geist-Instanz – zu betrachten. Eine völlig neue, eine viel umfassendere Perspektive ergibt sich dadurch. Die Seele erkennt, dass der einzelne Mensch mit seinen Gedanken, Gefühlen und Taten nicht allein für sich selbst verantwortlich ist, sondern dass es eigentlich seine Bestimmung ist, sich in Gedanken, Gefühlen und Taten so zu verhalten, dass sie für die Allgemeinheit, für den großen Lebenszusammenhang aller Wesen der Welt förderlich sind, weil sie nämlich immer auch eine direkte oder indirekte Wirkung auf diesen Lebenszusammenhang ausüben. Es liegt also nicht nur in der Verantwortung des Menschen – so erleben es die Nahtod-Erfahrenden –, für sich selbst zu sorgen, sich selbst gegenüber ehrlich zu sein und so weiter, sondern es liegt auch in seiner Verantwortung, sich so zu verhalten, weil sein Innenleben, das er bis dahin immer für privat gehalten hat, in Wahrheit auch für die Lebensverhältnisse des Gesamtorganismus' der Menschheit von Bedeutung ist, und zwar von ebenso großer Bedeutung wie für ihn selbst. Er erlebt jetzt, jenseits der Todesschwelle, dass alles, was er in seinem Leben getan, gedacht und gefühlt hat, eine Resonanz nicht nur für seine eigene – unvergängliche – Geist-Wesenheit hat, sondern für das Leben der ganzen Welt, seiner Mitmenschen, der Tiere, der Erde.

Immer deutlicher kristallisiert sich dadurch bei der Seele heraus, dass sie den Wunsch in sich trägt, diesem Gesamtorganismus, von dem sie ein Teil ist, etwas zu *geben*; und dass sie ihr altes, im Erdenleben vorherrschendes Gefühl, ständig von der Welt nur etwas erhalten zu wollen, wie einen staubigen Belag von sich abwischen will.

Es rückt in den Vordergrund die Frage nach der *Lebensaufgabe*.

Ich habe schon den Nahtod-Forscher Dr. Moody erwähnt. Sein erstes Werk war ein Buch über die beeindruckenden Nahtod-Erfahrungen eines (zum Zeitpunkt von dessen Nahtod-Erlebnis) jungen Rekruten der US-Armee, George Ritchie. Das Buch ist in deutscher Übersetzung erschienen unter dem Titel „Rückkehr von morgen". George Ritchie berichtet darin von einer ganz ähnlichen Erfahrung wie der, die ich soeben skizzenhaft umrissen habe, von der Erfahrung nämlich, dass ihm von der Licht und Liebe ausstrahlenden Wesenheit, die er als Christus identifiziert, vor dem Hintergrund seiner Lebensrückschau die Frage gestellt wird: *Was hast du aus deinem Leben gemacht?* Der damals 19-Jährige, der bis dahin ein durchschnittliches Leben geführt und durchschnittliche Motive und Ziele im Leben hatte (wie einen Platz an einer guten Uni oder eine Auszeichnung im Rahmen einer Pfadfindergruppe), musste feststellen, dass er bis dahin kaum irgendetwas wirklich Wesentliches, das im Licht der Wahrheit und Liebe ein größeres Verdienst hätte darstellen können, gedacht oder erreicht hatte. Diese Erkenntnis reifte ihm in der Gegenwart des liebenden, verständnisvollen Lichts. Es war eigentlich ein Liebes-Anliegen der Licht-Wesenheit, ihn darauf aufmerksam zu machen, dass er seinem (noch nicht am Ende stehenden) Leben noch einen tieferen Sinn zu verleihen hätte, dass er der Welt etwas schenken könnte, dass er noch etwas aus seinem Leben machen sollte, so dass er eines Tages zu diesem Punkt jenseits der Todesschwelle zurückkehren und sich dann die Frage anders beantworten könnte, die ihm jetzt gestellt wurde. Er sollte die Chance bekommen, in der Zukunft sagen zu können im Rückblick auf sein dann vollendetes Leben: Ich habe zwar nicht immer alles richtig gemacht, aber ich habe mich bemüht und habe durchaus etwas erreicht! Mein Leben hat für die Welt (und darum auch für mich selber) eine Bedeutung gehabt! *[Siehe S. 71f.]*

Nun ist ja das Charakteristische einer Nahtod-Erfahrung, dass die betreffenden Menschen nicht in der geistigen Welt verbleiben, sondern innerhalb von Sekunden bis zu mehreren Minuten wieder in ihr irdisches Leben zurückkehren. Sie sterben eben nicht „endgültig", weshalb man auch von *Nah*-Tod-Erfahrung spricht. Sie bekommen also alle gewissermaßen noch einmal eine zweite Chance, ihr Leben nach wirklich sinnhaften Gesichtspunkten neu zu gestalten. Und es wird fast immer davon gesprochen, dass der Betreffende in sein altes Leben nicht mehr zurückkehrt, also nicht mehr alles so weitermacht wie vorher, sondern dass er nach völlig anderen Bewertungskriterien zu leben beginnt, dass er viel aufmerksamer und umsichtiger wird, dass er Zwist und Gewalt, Alltagshetze und selbstische Zielsetzungen verabscheut und dass er zumeist einen „Beruf" ergreift, in dem er in irgendeiner mehr oder weniger auffälligen Weise nach den höheren – wir können sagen „göttlichen" – Prinzipien zu handeln beginnt, die er im körperlosen Zustand kennen und schätzen gelernt hat, von denen er seitdem *weiß*, dass die Welt nur weiterkommt, wenn sie nach ihnen ihr Dasein einrichtet. Jeden Menschen als ein von der Licht-Liebe-Wesenheit geliebtes Wesen anzusehen und der brüderlichen Gemeinschaft des menschheitlichen Organismus' etwas Heilsames, Förderliches zu schenken, ist fortan der innigste, wohl gemerkt über-persönliche, also selbstlose Wunsch der Betreffenden.

Aber es erleben nun einmal nicht alle Menschen einen solchen Weckruf, nicht jeder macht in seinem Leben eine Nahtod-Erfahrung durch. Und nicht jeder ist mit der diesbezüglichen Literatur vertraut. Einige Menschen kommen dazu, im Angesicht des Todes (im hohen Alter oder im Verlauf der Auseinandersetzung mit einer tödlich verlaufenden Erkrankung) auf ihr Leben selbstkritisch hinzublicken. Dann treten Fragen auf, die man sich früher vielleicht nie gestellt hat und die Ähnlichkeit mit der Gewissensfrage haben, die George Ritchie durch die göttliche Instanz gestellt wurde. Unmittelbar vor der Todesschwelle fragt sich der Mensch dann plötzlich: Habe ich eigentlich alles richtig gemacht in meinem Leben, habe ich das erreicht, was ich hätte erreichen können? Oder vielmehr: Habe ich mich eigentlich auf dem Gebiet um einen Fortschritt meiner selbst bemüht, das „bleibend“ ist, das wirklich zählt? – Und dann ist es nicht selten so, dass sich der Mensch eingesteht: Ach, wenn ich doch nur noch mehr Zeit hätte! Ich würde jetzt vieles anders machen! – Aber dann ist es zu spät.

Was empfinden solche Menschen kurz vor der Todesschwelle? Was kann ihnen da Trost, Hoffnung, Perspektive schenken? Wohin können sie sich wenden? Zunächst vielleicht an ihre Religion, an die religiöse Institution, der sie angehören und die ihnen in solchen Situationen mit einem Mal wieder „einfällt“. Und sie fragen sich dann: Was sagt denn die Glaubenslehre meiner Religion zu diesem Dilemma? Was sagt sie überhaupt darüber, was mich nach dem Tod erwartet?

Und da müssen wir nun feststellen, dass nicht nur die jüdische oder islamische Religion, sondern auch die christlichen Konfessionen, die traditionell in Europa vorherrschen, ihre Gläubigen etwas von einem „ewigen Leben“ lehren. – Dabei wird allerdings dieses „ewige Leben“ keinesfalls so verstanden, wie es ursprünglich gemeint war, als der Christus Jesus gemäß den Zeugnissen der Evangelisten von einem ewigen Leben sprach. Die christliche Lehre legt diese Worte heute so aus, als bezögen sie sich auf ein ewiges Leben im Nachtodlichen. Die Seele werde „auferstehen“, also nach dem Tod des Körpers den Tod überwinden und dann ohne Körper in der geistigen Welt ewig leben – wenn sich der Mensch im Erdenleben anständig benommen hat. Wenn nicht, erwarte ihn schlimmstenfalls ein ewiges Dasein in der Hölle. Aber jedenfalls ein ewiges Leben als Seele ohne Körper in einer rein geistigen Welt – einer schönen oder einer schrecklichen geistigen Welt.

Tatsächlich entbehren die christlichen Konfessionen in ihrer Lehre in dieser alles entscheidenden Frage das Entwicklungsprinzip! Um genau dieses Entwicklungsprinzip geht es bei unseren Erwägungen heute Abend. – Bitte verstehen Sie mich aber recht, ich meine nicht, das Christentum oder das Christus-Mysterium entbehre das Entwicklungsprinzip! Ich spreche von der gegenwärtigen Auslegung der Heiligen Schriften.

Das Verständnis vom Wort Jesu Christi, insbesondere auf dieses „ewige Leben“ nach dem Tod bezogen, war aber in der frühen christlichen Kirche ein fundamental anderes. Es ist dieses Wort damals ganz anders verstanden worden als heute – zu einer Zeit nämlich, als die Urchristen der ersten nachchristlichen Jahrhunderte noch im Verständnisstrom der ersten Zeugen darinnen standen. Für den Fall, dass das Neue Testament nicht Ihr treuer Begleiter ist, werden Sie vielleicht erstaunt sein, wenn ich Ihnen sage, dass darin Stellen zu finden sind, aus denen klar hervorgeht, dass die individuelle menschliche Seele nicht nur *ein* Mal auf der Erde lebt. Das Wissen um die Reinkarnation war eine solche Selbstverständlichkeit für die Menschen in der Zeitenwende, dass man frank und frei antwortete, als der Herr Seine Jünger fragte, für wen Ihn das Volk wohl halten möge, dass einige Ihn *„für Johannes den Täufer, andere für Elija, wieder andere für Jeremia oder sonst einen der Propheten“* hielten. (Mt *16, 14*) Johannes den Täufer wiederum fragten die Pharisäer direkt nach seiner vorherigen Inkarnation (Joh *1, 21*), und über diesen Täufer wiederum sagte der Christus Jesus selbst zu Seinen Jüngern: *„Ja, er ist Elija, der da wiederkommen soll.“* (Mt 11, 14)

Die Tatsache der wiederholten Erdenleben war, wie gesagt, so selbstverständlich, dass es die Evangelisten nicht für notwendig befanden, näher darauf einzugehen. Die Erwähnung erfolgt gewissermaßen beiläufig. Hingegen ist keine Rede davon, dass durch die Erscheinung Gottes auf Erden oder durch Seine Opfertat diese Entwicklungstatsache der menschlichen Seele aufgehoben wird. Das „ewige Leben“ bezieht sich daher nicht auf ein nie mehr endendes Dasein im Nirwana, im Himmelreich, sondern darauf, dass die Seele nach dem Ablegen des physischen Leibes ihr Bewusstsein nicht mehr verliert. Diese Neuheit in der menschlichen Seelenevolution hängt damit zusammen, dass Christus der Ausspender des Heiligen Geistes ist. Das heißt, das individuelle Bewusstsein der einzelnen Menschenseele wird entzündet. Damals brach eine neue Zeit an, die den Menschen allmählich aus dem Stadium des sozusagen unmündigen Sippenstatus zum individuellen Einzelbewusstsein führte. Damit ist nicht das Selbst-Erleben, Selbst-Erfühlen der Seele gemeint. Dies hatte selbstverständlich auch ein Mensch vor zweitausend oder dreitausend Jahren. Sondern es ist damit gemeint, dass die Menschen in die Lage kamen, auch in ihrem *geistigen* Bewusstsein selbständig zu werden, während sie zuvor keinen eigenständigen bewussten Anschluss an die göttliche Weisheit finden konnten, sondern auf die geistige Hoheit eines Priesters, eines Eingeweihten, eines für die Führung des Volkes von höherer Warte bestimmten Auserwählten angewiesen waren. Und dieses geistige Bewusstsein sollte ihnen nun nach dem Tod erhalten bleiben. Durch die Erkenntnis, dass sie eine unsterbliche Seele besaßen, wurden sie erst in Wahrheit unsterblich. Sie konnten sich ihrer Unsterblichkeit bewusst werden – der Unsterblichkeit ihres geistigen Seelenkerns, ihres Ichs.

Damit wurde der Mensch fähig, während des Erdenlebens eine intime spirituelle Beziehung zur geistigen Welt aufzubauen und zu pflegen. Er wurde nun vom „Beistand“ (Joh *16, 7*), wie Christus den Heiligen Geist, den „Geist der Wahrheit“ auch nannte, begleitet. Die Menschen konnten die höheren moralischen Prinzipien als Entwicklungshilfe für ihre Seele begreifen und brauchten darum keine Hohenpriester mehr, die ihnen einen Moralkodex verordneten, den sie zu befolgen hatten, ohne zu verstehen warum. Wer einen Geist hat, der kann im höheren Sinne Verantwortung für sich selbst und für die Welt, in der er lebt, übernehmen.

Dieses Verständnis vom „ewigen Leben“, welches das Gegenteil von dem in der Apokalypse des Johannes erwähnten „zweiten Tod“, nämlich vom *geistigen* Tod, darstellt, hatte die christliche Kirche aber noch einige Jahrhunderte lang. Sie wusste selbstverständlich vom Geheimnis des Entwicklungsprinzips der Geist-bewussten Seelen, das durch Christus initiiert worden war, sie wusste von der neuen spirituellen Mündigkeit, die *jeder* Mensch entwickeln konnte – eine Tatsache, die sich allerdings mit den institutionellen Machtansprüchen der späteren kirchlichen Würdenträger nicht vertrug, weswegen sie kurzerhand per Dogma aus den Glaubensinhalten der römisch-katholischen Kirche gestrichen wurde)

Seither wird dem Gläubigen, der nach dem Dasein nach dem Tod fragt, die Glaubenslehre vom „ewigen Leben“ im Himmelreich Gottes vermittelt beziehungsweise alternativ: vom ewigen Schmoren in der Hölle – je nachdem, ob man vom großen Seelen-Wäger für würdig befunden wird, seinen ewigen Wohnsitz im Himmelreich zu nehmen oder nicht.

Befasst sich der Gläubige aber mit den Anforderungen, die für einen ewigen Wohnsitz im Himmel erfüllt werden müssen, genauer, wird er unweigerlich feststellen, dass es wohl in der gesamten Menschheitsgeschichte kaum eine Handvoll Seelen gegeben haben wird, die in ihrem Erdenleben diesen Anforderungen vollauf genügen konnten. Er mag ein noch so guter Christ sein und sich vornehmen, die christlichen Prinzipien zu seinen Idealen zu erheben – er wird sich bei einer aufrichtigen Selbst-Beschau zugeben müssen, dass er doch immer wieder gegen diese Prinzipien verstoßen hat, dass er letztlich seine hohen ethischen Ideale in seinem Leben nicht erreichen konnte.

Was bedeutet das aber für ihn? Er wird sich sagen: Wozu soll ich mich anstrengen? Das Ziel ist unerreichbar. In einem so kurzen Leben kann ich das einfach nicht umsetzen. Auf diese Weise ergibt das Leben keinen Sinn. Wozu lebt man? Was und vor allem warum soll man hier etwas erreichen? – An diesem Punkt gibt es für den Menschen eigentlich nur zwei Alternativen: Entweder er wird Atheist und begnügt sich mit der Vorstellung von einem nachtodlichen Nichts, also mit der Vorstellung vom Leben als einmaliger Episode (was im Übrigen nicht viel anders ist als die Vorstellung, nach einem einzigen Leben direkt und auf immer und ewig im Himmel oder in der Hölle zu verbleiben). Dann wird er zum Zyniker und zum überzeugten Egoisten. Oder er benutzt seine spirituellen Werkzeuge, die ihm Christus verliehen hat, und macht sich auf einen Erkenntnisweg, um herauszufinden, wie es um die Sache mit dem nachtodlichen Dasein tatsächlich bestellt ist.

An dieser Stelle waren wir vorhin stehen geblieben. Man kann sich nämlich durch die aufmerksame Beobachtung und den gesunden Menschenverstand schon eine recht tragfähige Brücke zur Einsicht in die wahren Verhältnisse bauen, denn sie offenbaren sich durch all das, was hier auf Erden geschieht.

Jeder Mensch, ob er Atheist ist oder ein Mensch mit religiösen Überzeugungen, jeder Mensch hat einen natürlichen Anspruch an sein Dasein, er möchte seinem Leben einen Sinn geben; er steckt sich Ziele, er hat Ideale. Und er ist in der Regel bereit, sich einer staatlichen Rechtsordnung zu unterwerfen, die auf einem Verständnis von Gut und Böse, von Recht und Unrecht beruht und die dafür da ist, das Gute vor dem Bösen, das Recht vor dem Unrecht zu schützen. Auch der Atheist wird depressiv, aggressiv, stumpfsinnig oder physisch krank, wenn er sein Leben nicht individuell Ich-haft lebt. Darum hat auch der Atheist zunächst einen inneren Kompass, der in seinem geistigen Wesenskern (den er noch so sehr leugnen mag) begründet liegt.

Es gibt in *jedem* Menschen eine höhere Instanz, zu der er bewussten Anschluss finden kann und die ihm die Fähigkeit zu einer Gewissensbildung, zu Verantwortungsbewusstsein, zur Hingabe, zu Mitleid, zu Opferbereitschaft, zu Gerechtigkeitssinn verleiht. Jeder Mensch hat den Willenskeim in sich, sein Leben mit Sinn zu erfüllen. Er empfindet dumpfer oder deutlicher: Es gibt etwas, das mich treibt, um dieses oder jenes zu erreichen, um diese oder jene Erfahrung zu machen. Anders gesagt: Es gibt eine Art Lebensleitfaden oder -plan – auch wenn ich ihn nicht bewusst erkenne oder ihn nicht umsetzen kann.

Jeder einigermaßen aufmerksam in sich hineinlauschende oder auch in die Welt hinauslauschende Mensch wird sich fragen, wie er sein Leben mit Sinn erfüllen soll, solange ihm unbekannt bleibt, was der Sinn des menschlichen Daseins an sich ist.

Er wird bei seinen Überlegungen an den Punkt kommen, an dem er sich sagt, was wir vorhin festgehalten haben:

Was mich als einzelnen Menschen ausmacht, meine individuellen Fähigkeiten, auch meine Defizite, meine Neigungen, die gleichsam naturhaft mein Eigen sind, müssen aus einem Zusammenhang stammen, der vor die Geburt zurückreicht, denn mit der Geburt waren mir diese Eigenschaften bereits gegeben. Sie müssen also als Bestandteile eines größeren Plans für meine individuelle Wesenheit, als die ich mich zweifelsfrei erleben kann, in einem Rahmen zusammengestellt worden sein, in dem ich noch keinen physischen Körper bewohnt habe.

Doch das, was als Lebensaufgabe bezeichnet worden ist, findet man meistens erst nach etlichen Jahren, und wenn man sie ergreift, beginnt eigentlich erst so recht der große Lernprozess. Dann aber kommen wir eines Tages an das Ende unserer irdischen Lebenszeit, blicken zurück und müssen uns sagen: Ja, auch wenn mir das Glück beschieden war, einen Lernprozess durchgemacht zu haben – wozu bin ich eigentlich am Ende des Lebens ein Stückchen klüger geworden, wenn ich mich diesen Einsichten gemäß jetzt gar nicht mehr einbringen kann, weil meine Lebenszeit abgelaufen ist? – Diese Chance haben zunächst nur die Nahtod-Erfahrenen. Denn ihnen stellt sich die Frage, ob sie sinnvoll mit ihrer Lebenszeit umgegangen sind, durch ein schicksalhaftes Ereignis, das nicht am Ende ihres Lebens steht, sondern zumeist am Anfang oder in der Mitte des bewussten Lebens. Sie haben noch Zeit, ihre höheren Erkenntnisse ins Leben einfließen zu lassen und sich entsprechend zu ändern.

Aber die meisten Menschen werden erst nach ihrem „endgültigen“ Übergang über die Schwelle des Todes mit dieser Frage und der daraus resultierenden Einsicht konfrontiert.

Wozu also ein vorgeburtlicher Lebensplan, und wozu eine nachtodliche Rückschau? Wozu, so wird man sich insbesondere fragen, wenn man davon ausgeht, dass das Erdenleben eine einmalige Angelegenheit ist?

Wenn man diese Dinge bedenkt, befindet man sich schon auf dem richtigen Erkenntnisweg. Denn es gibt eigentlich nur *eine* schlüssige Folgerung aus diesen Erwägungen: Das ganze Konstrukt des menschlichen Daseins ergibt keinen Sinn, wenn man der materialistischen (das heißt letztlich atheistischen) Weltanschauung Glauben schenkt oder wenn man der kirchlichen Lehre Glauben schenkt, die besagt, dass man nur *ein* Mal lebt. Dann – und nur dann – ergibt das Konzept der menschlichen Existenz keinen Sinn. Es ergibt so lange keinen Sinn, als man Entwicklung einzig der menschlichen Spezies als Ganzes zubilligt, nicht aber der Individualität. Und die Entwicklung der Individualität lässt sich nicht in *einem* Leben bestreiten – schon gar nicht unter den so verschiedenen Lebensbedingungen, in die die Menschen hineingeboren werden.

Alles deutet darauf hin: Es gibt in der Tat für den individuellen Menschengeist die Reinkarnation! Es gibt wiederholte Erdenleben.

Lassen Sie uns das einmal anhand einer kleinen Skizze betrachten *[siehe Zeichnung 1]*:

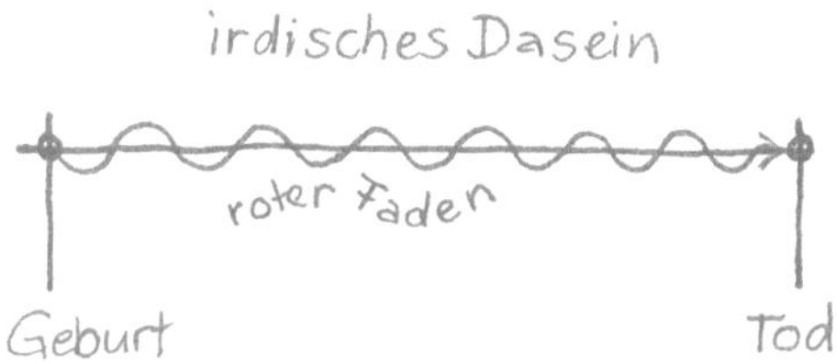

Zeichnung 1

Wir haben also – das ist wohl unstrittig – die Spanne unseres irdischen Daseins, unser Erdenleben, das sich erstreckt zwischen den Anfangs- und Endpunkten von Geburt und Tod. Innerhalb dieser Lebensspanne können wir etwas wie eine Lebensaufgabe, einen Lebensplan empfinden. Wie ein roter Faden zieht er sich durch unser Erdenleben hindurch.

Nun haben wir festgestellt, dass der Faden nicht etwa bei der Geburt seinen Anfang hat, sondern dass er über diesen Punkt der Geburt hinaus, also zurück in ein vorgeburtliches, nämlich geistiges Dasein *[A in Zeichnung 2, S. 50]* reicht. Und er endet auch nicht beim Tod, er reicht auch über diesen Endpunkt des Lebens hinaus und zieht sich in das nachtodliche Dasein hinein *(B)*, wo uns die Frage nach der Umsetzung des Plans erwartet.

Da können wir nun einsehen, dass die Sphären A und B identisch sind. Der rote Faden, der durch unser Erdenleben hindurchläuft, beginnt und endet in derselben Sphäre: in der geistigen Welt. In dieser geistigen Welt wird einmal sozusagen vorgearbeitet (nämlich im Vorgeburtlichen) und einmal nachgearbeitet (nämlich im Nachtodlichen). Beides aber hängt miteinander zusammen.

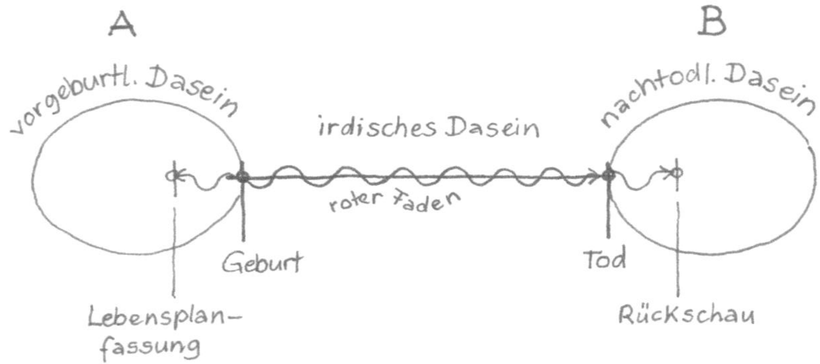
A
B
vorgeburtl. Dasein
nachtodl. Dasein
irdisches Dasein
roter Faden
Geburt
Tod
Lebensplan-
fassung
Rückschau

Zeichnung 2

Wenn wir die Schwelle des physischen Todes passieren, kommen wir nicht in ein Nichts hinein. Wir kommen auch nicht auf ewig in den Himmel oder in die Hölle und sitzen dort die Ewigkeit aus. Wir kommen stattdessen in eine große Aktivität hinein! Denn in dieser Sphäre, der geistigen Welt, sind wir einerseits mit bewusstem Vorbereiten unserer Inkarnation sowie mit bewusstem Nachbereiten unserer Inkarnation beschäftigt. In der Nachbereitung zeigen sich im Licht der Wahrheit unsere Verdienste wie auch unsere Defizite oder Laster. Wir treffen nicht auf einen strafenden Gott. Wir erleben – so bezeugen es auch die Nahtod-Erfahrenen – die Konsequenzen unseres eigenen Verhaltens als eigenverantwortliche Menschen im Zusammenhang mit der Wirklichkeit der geistigen Welt, deren Prinzipien die Selbstlosigkeit und die Liebe sind.

Wenn Sie die Nahtod-Erzählung von George Ritchie lesen, werden Sie anhand einer Szene, die darin geschildert wird, bestätigt finden, dass es nicht etwa Gott ist, der uns aus dem Frieden des Lichts und der Liebe verbannt, sondern dass wir selbst es sind, wenn wir nicht wenigstens den Versuch unternehmen, uns von unseren Lastern zu befreien. In seinem Buch werden die nachtodlichen Seelen von Trinkern beschrieben, die unaufhörlich danach gieren, ihre Sucht zu befriedigen, es aber nicht mehr können, weil sie keinen Körper mehr haben. Es wird hier anhand eines extremen Falls deutlich, dass der Mensch seine schlechten Angewohnheiten nach dem Tod nicht einfach los ist, wenn er sich von ihnen im Erdenleben nicht frei gemacht hat, sondern dass er sie im nachtodlichen Daseinszustand als eine Art „Hölle“ erleben kann, wenn sie von extremer Art waren. Die Seele begehrt etwas, giert nach etwas, kommt aber nicht zu einer Befriedigung, weil sie diese ausschließlich im physisch-materiellen Körper erfahren kann, den sie ja aber abgelegt hat. Sie muss sich irgendwann überwinden.

Wenn man nun also in der nachtodlichen Sphäre seine Rückschau durchmacht und vollbewusst und objektiv allem gegenübersteht, was man getan, gedacht, gefühlt hat und was dies für Konsequenzen im Gesamtzusammenhang des kosmischen Daseins, des Welt- und Menschheits-Organismus’ nach sich gezogen hat, wird man zweifellos an der einen oder anderen Stelle empfinden: Jetzt sehe ich ein, dass dieses oder jenes falsch war. Ich bereue es. Ich würde es gerne wieder gut machen. Aber es geht nicht. Es ist zu spät. Ich habe den Leib abgelegt, ich bin „gestorben“.

Dies ist nun der Punkt, an dem der Seele klar wird, wie ihr Lebensplan überhaupt entstanden ist, woher eigentlich die Lebensaufgabe, die man im Erdenleben unterschwellig stets empfunden hat, herrührt, warum man von Geburt an bestimmte Talente und bestimmte Schwächen hatte. Die Seele ahnt: Hier, in der Rückschau auf mein abgelegtes Leben, liegt die Wurzel eines neuen Lebensplans! Mein Bewusstsein ist nicht mit dem körperlichen Tod vergangen. Im Gegenteil. Mein (körperloses) Ich hat vielmehr erkannt, dass mein Lebensplan das Resultat eines früheren, vorangegangen Lebens gewesen sein musste, denn jetzt, da mein Leben vorüber ist und ich in der Rückschau meine Errungenschaften, auch meine neu erworbenen Fähigkeiten und Einsichten, die ich mitunter gar nicht mehr anwenden konnte, sowie meine Versäumnisse und Fehler gesehen habe, formt sich in mir die Erkenntnis und der Wunsch, dass ich irgendwann ein weiteres Leben auf der Erde durchmachen werde. In diesem neuen Leben soll dann alles zum Einsatz kommen, was ich mir an Einsichten und Fähigkeiten in meinem gerade abgelegten Leben erworben habe. Das soll der Welt zugutekommen! Und dann sollen auch die Versäumnisse und Fehler ausgeglichen werden, die ich jetzt – im Licht der lebendigen Wahrheit – als solche erkannt habe – so sagt sich dann die Seele nach dem Tod. Sie fasst also den Entschluss zu einem neuen Leben.

So kann uns klar werden, wer uns eigentlich unsere Lebensaufgabe gegeben hat. Wir waren es selbst! Unser unsterblicher Wesenskern, unser geistiges Bewusstsein hat – mithilfe höherer spiritueller Instanzen oder Wesenheiten – den Lebensplan in der vorgeburtlichen Sphäre gefasst, hat ihn ausgearbeitet mittels dessen, was er sich von einem davor stattgefundenen Leben mitgebracht hatte. Es ist unser eigentliches Ich, das „ewig lebend“ von einer Verkörperung zur nächsten geht, um sich immer weiter und heilbringender zu *entwickeln*. In Freiheit und Erkenntnis ist das, was wir auch als *Karma* bezeichnen, von unserem eigenen Wesenskern mitgestaltet worden! Und von weisen Geistern, von dem Christus, dem „Herrn des Karma“, wie Rudolf Steiner Ihn auch nannte, ist dieser Lebensplan so vollendet ausgearbeitet worden, dass er in jedem Detail das Ergebnis unserer eigenen Gedanken-, Empfindungs- und Willensabsichten ist, die wir im vorherigen Leben gehabt haben, so dass wir auf der Grundlage vollständiger Freiheit unsere höhere Entwicklung durchmachen können.

Die nachtodliche Rückschau ist der Auslöser zur Beschlussfassung eines neuen Lebens, eines neuen karmischen Plans. Und der karmische Plan ist die Voraussetzung für unsere weitere Entwicklung, die sich notwendigerweise über viele Leben hin erstreckt.

Wenn wir unsere Skizze betrachten, so sehen wir, dass im Nachtodlichen der geistigen Welt an die Rückschau ein karmischer Plan für ein neues, künftiges Leben anschließt (B) und dass wiederum der Fassung des letzten Lebensplans die Rückschau auf ein davor stattgefundenes Erdenleben zugrunde liegt (A). *[Siehe Zeichnung 3.]*

Die Reinkarnation und das Karma stehen außer Frage, und sie sind das Resultat einer freien, bewussten menschlichen Individualität, die seit ihrer Ich-Erweckung in der Zeitenwende damit beginnt, durch die Einrichtung der wiederholten Erdenleben und der karmischen Pläne als Ich-hafter Geist Herr über ihre niedere Selbstheit, ihre Egoität zu werden und damit sich selbst und ihre Erde zu einem höheren Daseinszustand zu führen.

Da wir uns im Leben nicht verhalten wie ein vollendeter Bodhisattva, besteht die Notwendigkeit für ein weiteres Leben und – im Licht des alles durchstrahlenden Guten – auch der Wunsch nach einem weiteren Leben.

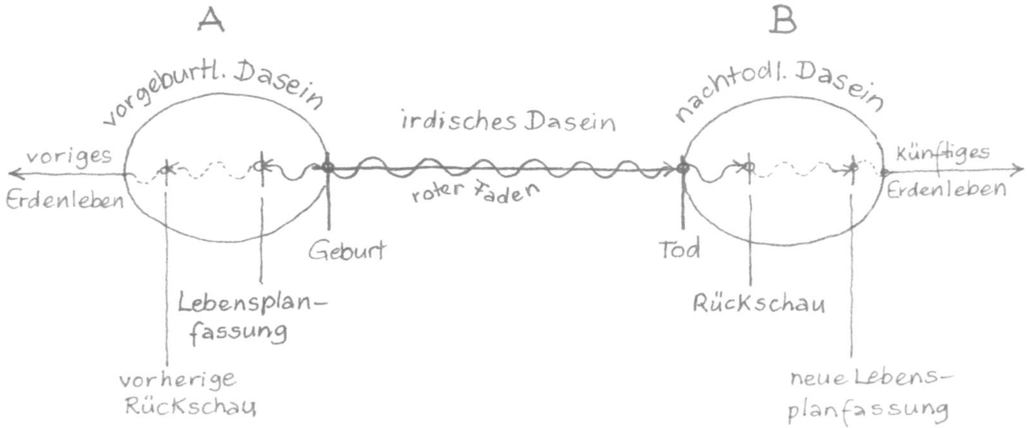
A
B
vorgeburtl. Dasein
irdisches Dasein
nachtodl. Dasein
voriges
Erdenleben
künftiges
Erdenleben
roter Faden
Geburt
Tod
Lebensplan-
fassung
Rückschau
vorherige
Rückschau
neue Lebens-
planfassung

Zeichnung 3

Es ist im Grunde gar nicht so schwer, sich diesen logischen spirituellen Entwicklungsmechanismus des Menschen und des Menschheits-Organismus' begreiflich zu machen. Denn nicht selten kommen einem noch andere Umstände dabei zu Hilfe: Das Gefühl, bereits einmal „dagewesen" zu sein, haben schon viele, ja vermutlich alle Menschen gehabt, unabhängig davon, ob sie von Reinkarnation vorher etwas gehört hatten oder nicht. Ich will diesen Aspekt nicht ausführen, höchstens andeuten: Haben Sie vielleicht schon einmal das Gefühl gehabt, an einem Ihnen eigentlich ganz unbekannten Ort, zu dem Sie kommen, schon einmal gewesen zu sein? Fühlten Sie sich schon zu einem Ort, einer Zeit, einer Epoche oder einer literarischen Richtung oder Gattung außergewöhnlich stark hingezogen? Oder hatten Sie schon einmal bei der ersten Begegnung mit einem bestimmten Menschen das Gefühl, diesen zu kennen, obwohl Sie ihn vorher noch nie getroffen haben? Bestimmte Sympathien, bestimmte Antipathien – all das sind Zeichen für ein früheres Leben.

Auch die Frage der Genetik lässt sich vor diesem Hintergrund besser verstehen. Es ist der Geist, der das erste und letzte ursächliche Wirkungsprinzip ist, nicht die Materie. Die Individualität im Vorgeburtlichen ist es, die sich einen entsprechenden Leib schafft, in dem sich die Lebensaufgabe möglichst erfolgreich erfüllen lässt.

Ein Mozart ist nicht aus dem Grunde zum Kompositionsgenie geworden, weil er erblich die Voraussetzungen dafür hatte, sondern die Individualität, die später Wolfgang Amadeus Mozart wurde, hat für die

Ausübung ihres Lebensplans Gene benötigt, die in der Familie Mozart zu finden waren. Aber auch auf einen kranken Leib lässt sich das anwenden. Man wird zunächst das Gefühl haben, dass es ungerecht ist, wenn ein Mensch eine bestimmte Erkrankung hat, vielleicht auch von Geburt an. Aber unter Umständen ist es für ihn (oder, wie schon gezeigt, für seine Angehörigen) die optimale karmische Voraussetzung, um Erfahrungen zu sammeln, die von ihm noch nie gemacht worden sind. Nicht selten wächst der Mensch, der mit einer schweren, chronischen Krankheit konfrontiert ist, über sich hinaus. Es kommt auch nicht unbedingt darauf an, ob man eine Krankheit besiegt, sondern es kommt darauf an, was man aus der Situation des Krankseins macht, welche Erkenntnisse oder wegweisende Schicksalskonstellationen sich daraus ergeben.

Ein aktuelles Beispiel: Vielleicht haben Sie davon gehört, dass der ehemalige deutsche Außenminister und Vizekanzler Guido Westerwelle ein Buch über sein Schicksal mit einer akuten Leukämie herausbringt, die vor eineinhalb Jahren bei ihm aufgetreten ist. Er spricht jetzt öffentlich davon, dass er durch diese Erkrankung seine „Dämonen" bekämpft und darüber hinaus davon erfahren habe, was wirklich notwendig ist für die Mission der Erde. Er habe durch die Umstände, die seine Erkrankung mit sich bringt, erfahren, was wirklich wesentlich im Leben ist: die Liebe. – Es sieht so aus, dass diese Erkrankung eine karmische Ursache in Bezug auf die eigentliche Lebensaufgabe von Guido Westerwelle darstellt. Die markigen Sprüche, das etwas schillernde, manchmal auch provokante Auftreten eines allgemein bekannten Politikers mag nur die Grundlage dafür gewesen sein, dass ihm jetzt, da er wirklich etwas Wichtiges zu sagen hat (nämlich etwas über den Tod Hinausweisendes) viele Leute zuhören. Das Wesentliche könnte also durchaus nicht das politische Amt gewesen sein, und auch nur indirekt die Krankheit. Das Wesentliche könnte sein, dass ihm solche Einsichten gereift sind und dass sehr viele Menschen zu spirituellen Gedanken angeregt werden können, wenn er von diesen Einsichten spricht oder schreibt.

Viele Menschen erstreben heute ein langes Leben – aber niemand will letztlich dabei alt werden. Das ist schon eine absurde Situation. Wer den Reinkarnationsgedanken hat, macht sich über das Altwerden oder die Länge des Lebens nicht so viele Gedanken. Diese Frage belastet ihn nicht, und er hat auch keine Angst vor dem Tod. Tatsächlich hat er das Gefühl, dass es doch ganz gut ist, wenn der Leib auch mal abgelegt wird. Denn man kann in einem einzigen Leib, in einem einzigen Schicksalszusammenhang, in den man hineingeboren ist, unmöglich alle Erfahrungen sammeln, die man als Seele braucht, um sich zu vervollkommnen. Wenn jemand kategorisch gegen Flüchtlingszuwanderung eingestellt ist, um noch ein aktuelles Beispiel zu nennen, wenn er wirklich unfähig oder unwillig ist, Empathie zu haben, Mitleid zu empfinden oder auch schlicht einzusehen, dass es sinnvoll ist, aus seinem eigenen Land zu fliehen, um sich oder seine Kinder vor jahrelangem Bombenhagel, Verfolgung und Vergewaltigung in Sicherheit zu bringen, muss er irgendwann in einem Leib oder einer Schicksalskonstellation wieder zur Welt kommen, in der er eine vergleichbare Erfahrung macht, um diese Art der Anteilnahme und des Verständnisses als einen Schatz seiner Seele entwickeln zu können.

Übrigens ist es in den allermeisten Fällen so, dass den menschlichen Leib genau dann seine Lebenskräfte verlassen, wenn das Ich seine Lebensaufgabe erfüllt hat oder wenn keine Aussicht mehr darauf besteht, dass es das noch tut.

Ich möchte aber noch abschließend hinzufügen, dass das Karma im christlich-anthroposophischen Verständnis nicht übergriff-prädestinativ zu verstehen ist. *Ob* der Mensch seinem Lebensplan, den er sich vorgeburtlich zurechtgelegt hat, folgt und falls ja, *wie* er ihn umsetzt, ist vollständig in seine Freiheit gestellt. Es kann ja auch gar nicht anders sein, wenn es die Mission des Menschen ist, sich allmählich zu einem Wesen heran zu entwickeln, das im Sinne der höheren Moral aufsteigt, das sich irgendwann sogar physisch vergeistigt und immer unabhängiger von den materiellen Umgebungsverhältnissen wird. Wir haben in jedem Augenblick unseres Lebens die Möglichkeit, mit „moralischer Phantasie", wie Rudolf Steiner es nannte, mit unserer karmisch vorgegebenen Situation umzugehen. Wir sind innerhalb unseres vorgeburtlich entworfenen Lebensplanes immer frei. Wäre alles Prädestination, könnte der Mensch niemals ein verantwortungsvolles, sich in Freiheit zum Guten und Wahren entscheidendes, höheres Wesen werden. Und letztlich ist er es selbst, sein weises, „ewig lebendes", Geist-bewusstes Ich, das die Wahl trifft, sowohl im Vorgeburtlichen als auch während des Erdenlebens.

Diese Freiheit hängt mit dem Christus-Geschehen zusammen. Sie können das Christentum eigentlich überhaupt nicht denken, ja das Christentum verliert seinen Sinn ohne die Berücksichtigung der Tatsache der Reinkarnation! Warum? Der Zentralaspekt des Christentums ist die Auferstehung. Aber was ist diese Auferstehung? Wir haben es vorhin schon gestreift. Die Auferstehung ist eigentlich die Chance zur individuellen höheren Entwicklung. Sie ist das Aufwachen nach dem Tod, die Bewusstseinskontinuität im Nachtodlichen und damit die Fähigkeit, im Licht der Objektivität, der Wahrheit, einen karmischen Plan zu fassen, welcher der Seele in der nächsten Inkarnation die Gelegenheit bietet, im Sinne ihrer höheren Entwicklung wirken zu können.

Dieser Punkt im Verständnis von Reinkarnation und Karma ist der größte Unterschied in der christlichen Anschauung zur Anschauung des Buddhismus. Dieser Unterschied macht auch verständlich, dass nach dem christlichen Verständnis der Mensch sich nicht als ein Tier – sei es als Ameise oder Affe – reinkarnieren wird. Denn der Sinn seiner Reinkarnation ist es, dass seine Seele, seine ganze Wesenheit sich von Leben zu Leben höher entwickelt, dass sie Erfahrungen sammelt, die sie allmählich zu einem göttlichen Menschen machen.

Das hängt mit dem Christus zusammen. Und das ist es auch, wovon unter anderem die Nahtod-Erfahrenen berichten, wenn sie schildern, dass die geistige Wesenheit, die ihnen da in Form von Liebe, Wärme und Licht erschienen ist, ihnen die Augen für ihre höhere Bestimmung geöffnet hat.

Diese Christus-Wesenheit lässt uns – ob durch eine

Nahtod-Erfahrung, durch die nachtodliche Rückschau oder – was anzustreben ist, um das Leben effektiv im Sinne der höheren Prinzipien nutzen zu können – durch die innere Begegnung mit der Christus-Wesenheit in der Meditation schon während des Erdenlebens – unser Karma erkennen, zumindest in Grundzügen. Sie lässt uns Verständnis entwickeln für die Schicksalskonstellationen, in denen man sich zuweilen vielleicht gefangen fühlt, sie zeigt Wege auf, die in diesen ausweglos geglaubten Konstellationen liegen. Auch wenn die Erkenntnis der Tatsache der Reinkarnation noch keine Karma-Erkenntnis im eigentlichen Sinne ist, so ist die Erkenntnis der Reinkarnation die Voraussetzung zum Entschlüsseln des eigenen Karmas. Durch das christliche Karma-Verständnis kann uns bewusst werden, dass unser persönliches Schicksal stets in Zusammenhang mit dem Schicksal der uns aus karmischen Gründen verbundenen Seelen steht, ja sogar mit dem ganzen menschlichen Seelen-Bruderbund. Es führt uns dieses Verständnis zur Würdigung des Schicksals des Anderen, und es erlöst uns von dem beängstigenden Irrglauben, allein zu sein. Die Chance zu unserer persönlichen höheren Entwicklung haben wir durch die karmischen Beziehungen zu anderen Menschen!

Wenn wir solche Gedanken entwickeln, kommen wir mit unserem Ich in Berührung mit dem Ich aller Iche, dem Christus. Dann wirkt dieses „große“ Ich in unserem Ich, mitten in unserem Erdenleben. Und das Angenommensein in unserer eigenen unantastbaren Individualität durch die Christus-Wesenheit im Nachtodlichen, das ist es, was die Menschen, die ein Erlebnis wie das einer

Nahtod-Erfahrung hatten, so tief ergreift, dass sie ihr Leben vollkommen neu einrichten. Es ergreift sie so tief, weil sie dann wissen, dass sie als eine ewige Individualität gewollt und geliebt sind. Und das ist die wesentliche Grundlage, um den Mut zu fassen, trotz wiederholtem Scheitern und Ringen gegen die eigenen Unzulänglichkeiten den höheren moralischen Prinzipien zu folgen, auch Opfer zu erbringen, um nicht nur sich selbst, sondern die Menschheit als Ganzes weiterzubringen.

Ein bewusstes Verhältnis zur geistigen Welt zu entwickeln, nämlich über den Reinkarnations- und Karma-Gedanken, das ist eine wesentliche, ja eigentlich *die* wesentlichste Tat unseres Lebens. Es ist sozusagen eine Erkenntnis-Tat, die den Weg für eine wirklich sinnhafte Lebensgestaltung ebnet.

Das ist das, was Anthroposophie den Menschen zurufen möchte: Es gibt Mittel und Wege, heutzutage zu einer bewussten Erkenntnis seines Lebenssinns zu kommen, ohne den Tod abzuwarten, ohne auf ein Nahtod-Erlebnis hoffen zu müssen. Es gibt Mittel und Wege, zur höheren Erkenntnis während des Erdenlebens zu kommen – ja, es ist unsere Mission, dies zu tun. Es ist der Grund, warum Gott Mensch geworden ist.

Ein wachsendes Verständnis für die höheren Gesetze von Reinkarnation und Karma versetzt uns in die glückliche Lage, unser Schicksal bewusst und als freie Geister zu gestalten und uns nicht einem Korsett der Prädestination ausgeliefert zu fühlen. Das ist, wie gesagt, eine Gabe der Christus-Wesenheit, die der Mensch heute ergreifen kann. Und so werden wir – gewissermaßen an der Seite

Gottes – zu dem, was Novalis in seinem aphoristischen Wort über diesen Gott und unser künftiges Menschsein sagte: „Gott will Götter." – Wir werden allmählich zu welt-verantwortlichen, schöpferischen Wesen mit einem ewigen Bewusstsein von den göttlichen Prinzipien, die wir in Freiheit als die unsrigen annehmen und auf Erden verwirklichen.

* * *

Mit diesem Ausblick endete dieser öffentliche Vortrag im Paracelsus-Zweig der Anthroposophischen Gesellschaft in Basel am 11. November 2015. Ein Jahr später, am 7. Dezember 2016 wurde Judith von Halle eingeladen einen Mitglieder-Vortrag zu halten zum Thema „Die ersten Stunden nach dem Tod". Weil darin auch ähnliche Themen behandelt wurden, folgen hiernach die Abschlussworte dieses Vortrags:

Abschließend möchte ich Ihnen eine kleine Meditation ans Herz legen, die Sie, wenn Sie es wollen, vielleicht auch als Vorbereitung auf die Nacht innerlich bewegen können, wenn es im Äußeren etwas stiller wird und sich die eigene Seele auf den Eintritt in die geistige Welt einstimmt. – Nicht zu Unrecht sagt man, der Schlaf sei der kleine Bruder des Todes.

Es ist ein ganz einfacher Gedanke, aber – und dies erlebt man, wenn man es in der rechten Weise anstellt – es ist ein Gedanke, der das Zentralgeschehen der Menschheitsentwicklung berührt – somit eigentlich der alles entscheidende Gedanke überhaupt, der uns in die Lage versetzt, mit unseren höheren Idealen Ernst zu machen.

Aus diesem Grund erscheint mir diese kleine Meditation, für deren Ausübung man – wenn man durch sie nachhaltig verwandelt werden will – eine Art kindliche Andacht aufzubringen hat, doch auch geeignet für einen mit der anthroposophischen Geisteswissenschaft gut vertrauten Zeitgenossen, ja gerade auch für alle, die sich als aufgeklärte anthroposophische Denker empfinden. Denn das anthroposophische Denken ist doch ohne das intime, herzinnigliche Verinnerlichen der Tatsache, die diese Meditation zum Inhalt hat, in Wahrheit gar nicht möglich. Je mehr „Wissen" man aber anhäuft, desto schwieriger fällt es offenbar, die Grundstimmung, die ich als eine Art kindliche Andacht bezeichnet habe, zu entwickeln – und damit letztlich die Voraussetzung für ein wahrhaftiges anthroposophisches Gedankenleben.

Bewegen Sie doch also einmal den folgenden Gedanken:

Wir sind als Menschheit am tiefsten Punkt unserer Entwicklung angekommen, indem wir uns ganz mit dem materiellen Dasein verbunden haben. An diesem Punkt haben wir zu dem lebendigen Geist, zur geistigen Wirklichkeit, aus rein naturhafter Veranlagung heraus keine Beziehung mehr. Wenn wir zur Welt kommen, ist ein solches natürliches Gewahrenkönnen der geistigen Wirklichkeit nicht (mehr) vorhanden. Wir betreten die Erde, und vor unser Bewusstsein stellt sich die materielle Welt, die wir mit unseren physischen Sinnen erfassen. Aber von dem *geistigen* Leben haben wir kein Bewusstsein.

Ohne ein Bewusstsein vom geistigen Leben müssen wir uns selbst aber für ebenso sterblich, vergänglich halten wie alle übrigen Gegenstände der materiellen

Sinneswelt. – Wir liegen somit an diesem Punkt unserer Menschheitsentwicklung eigentlich im Schlamm, können nicht atmen, können von selbst nicht aufstehen. Das ist zunächst ein Gedanke, der in der Seele Gestalt annehmen muss, dessen fatalistische Note man sich ungeschönt zum Bewusstsein bringen muss: Aus uns selbst heraus vermögen wir es nicht, uns aus dieser Lage zu befreien!

Was geschieht nun an diesem Punkt?

Es geschieht das eigentlich Unvorstellbare. Etwas, das man nicht mit dem gewöhnlichen Verstand begreifen kann:

Gott selbst, der Schöpfer der Welt, der Schöpfer aller Kreatur, hat so viel Liebe und Erbarmen mit uns, dass Er Seinen einzigen Sohn, die Krone seines Herzens, zur Erde sendet und Ihn einen schmachvollen Tod erleiden lässt zur Loslösung unserer Ketten, die wir uns letztlich selbst angelegt haben. Es gibt wohl keinen schmachvolleren Tod, den ein Wesen erleiden kann, als denjenigen, den der Gott erlitten hat, indem Er sich erniedrigt und gedemütigt hat um unseretwillen, um uns aus unserem Morast heraus zu helfen. – Auch dies muss man bis in die Tiefen des Geschehens empfinden können. Es geht dabei nicht um eine mittelalterlich anmutende, künstlich provozierte Selbsterniedrigung, sondern um eine natürliche, aus dem aufrichtigen Herzen ganz von selbst hervorquellende Empfindung von Scham bei dem Gedanken an dieses Liebe-Opfer des Schöpfers der Welt für uns.

Heilige Demut erwächst daraus. Und die Frage: Was kann ich tun, um Gott diese unfassbare Tat zu verdanken? Was kann ich tun, um Ihm meine Dankbarkeit dafür zu zeigen, dass Er mir durch Sein Opfer die Mittel geschenkt hat, um mich selbst aus dem Morast zu erheben?

Wer sich die Bedeutung des Opfers Gottes vor seine Seele stellen kann, wird unmittelbar das dringende Bedürfnis verspüren, der Gottheit erkennbar zu machen, dass er die Bedeutung dieses Liebe-Opfers nicht übersieht, sondern dass er sich vielmehr dafür erkenntlich zeigen will.

Was kann man also tun, um Gott Seine Liebe zu verdanken? Kann man sie überhaupt verdanken?

Ich glaube, dass wir etwas tun können: Jeder Einzelne von uns kann sich darum bemühen, die Möglichkeiten, die Er durch dieses Opfer für uns erkämpft hat, dass wir wieder Anschluss an die geistige Welt finden können, dieses Kräftereservoir, also uns zu erschließen und zu versuchen, uns aus dem morastigen Pfuhl zu erheben. Wir können – Dank Seiner Opfertat – die Kraft aufbringen und unseren Willen so bündeln, dass wir unsere niedere Selbstheit überwinden. Denn das ist der morastige Pfuhl, in dem wir sitzen.

Wenn wir dieses Kraftreservoir nicht nutzen, dann wäre – wie Rudolf Steiner wiederholt mahnte – Christus umsonst gestorben, das Mysterium von Golgatha wäre umsonst geschehen.

Sie kennen die Worte aus den sogenannten Abschiedsreden des Christus Jesus aus dem Johannes-Evangelium: „*Niemand hat größere Liebe als die, dass er sein Leben hingibt für seine Freunde.* [...] *Ich nenne euch nicht mehr Knechte, denn der Knecht weiß nicht, was sein Herr tut. Euch aber habe ich Freunde genannt, denn alles, was ich von meinem Vater gehört habe, das habe ich euch kundgetan.*" [Joh 15, 13; 15]

Ja, wenn wir, liebe Anwesende, die wir das Opfer Gottes zu unserer Rettung anerkennen, von Ihm „Freunde" genannt werden, dann *wissen* wir, was uns der Sohn vom Vater kundgetan hat, nämlich: „*Das ist mein Gebot: dass ihr einander lieben sollt, wie ich euch geliebt habe.*" [Joh 15, 12] – Und *wie* hat Er uns geliebt? Er hat uns *selbstlos* geliebt.

Dankenswerterweise macht Rudolf Steiner darauf aufmerksam, dass Gott dieser Tat selbst nicht bedurfte und dass wir diesem Entschluss zur Selbstaufopferung Gottes für uns verdanken, „*freie Wesen*" zu sein. „*Dann allein ist der Freiheitsgedanke ein berechtigter.*"

Wofür setzen wir nun aber diese Freiheit ein, die uns Gott durch Sein Liebe-Opfer so teuer erkauft hat? – Aus unserer Freiheit heraus uns dafür zu entscheiden, einander so zu lieben, wie Er uns geliebt hat!

Gerade dann, wenn wir anthroposophische Begriffe und damit ein tiefergreifenderes Verständnis von den Weltenzusammenhängen haben, stehen wir einer großen Herausforderung, Verantwortung gegenüber. Sie bezieht sich darauf, dass gerade wir recht gut wissen, was zu tun ist, aber nicht unbedingt radikal danach handeln.

Im Johannes-Evangelium heißt es weiter: „*Wenn ich nicht gekommen wäre und zu ihnen geredet hätte, so hätten sie keine Sünde. So aber haben sie keinen Vorwand für ihre Sünde.* [...] *Nun aber haben sie* [meine Werke] *gesehen und haben doch sowohl mich als auch meinen Vater gehasst.*" (Joh 15, 22-24) – Wenn ich nicht das tue und umsetze, von dem ich weiß, dass es das Richtige ist, dann bedeutet dies, sowohl den Christus als auch den Vater zu hassen.

Wir müssen nicht immer mit dem Finger auf andere zeigen. Ich muss mich selbst am Schlafittchen nehmen. Ich muss mir selber eingestehen und sagen können: Ja, dieses Hassen des Sohnes und des Vaters wäre wohl das Aufnehmen anthroposophischer Begriffe und aus anthroposophischer Geistesforschung heraus geholtes und von mir adaptiertes Wissen *ohne das Herz*. In seinem vorletzten sogenannten Leitsatz – es sind wirklich die letzten, vermächtnishaften Gedanken, die Rudolf Steiner (im März 1925) niedergeschrieben hat – konstatiert Rudolf Steiner, dass selbst die Ideen von Hegel, Schelling oder Fichte keine geistigen Inhalte haben. Sie machten, wie Rudolf Steiner schreibt, stattdessen „die geistleeren Ideen selbst als schaffenden Welt-Inhalt geltend". Stellen Sie sich das nur einmal vor! Warum sind also diese Ideen letztlich nichts? Weil sie nicht mit der Wirklichkeit verbunden sind! *[Siehe Hinweis S. 75.]* – Und an die Wirklichkeit komme ich eben nicht mit dem klügsten, gewandtesten Denken heran, wenn ich es nicht durch die Liebe und die Selbstlosigkeit verlebendige.

Christus, Gott, braucht einen Wohnort auf Erden, um hier wirken zu können. Und dieser Wohnort ist nicht unser Gehirn. Es ist unser Herz.

So möchte ich zum Schluss insbesondere an die „wissenden" Anthroposophen unter uns appellieren.

Wie wenige Menschen leben auf Erden, die das Privileg haben, ein geisteswissenschaftlich fundiertes Verständnis von den Weltzusammenhängen und der Menschenwesenheit zu haben?! Gerade für diese Wenigen kommt es darauf an, in der Angelegenheit des Herzens beharrlich zu bleiben und nicht im Mitleid, in der Selbstlosigkeit, in der Liebe zu erkalten aufgrund dieses Verständnisvorsprungs. Denn wenn es nur Wenige sein werden, die – wie es in der Apokalypse des Johannes vorhergesagt wird – ihre Brüder eines Tages retten, dann können nur diejenigen zu diesen Wenigen gehören, die neben ihrem Verstehen und Wissen auch Opferwillen haben; die Bereitschaft also, das Gebot Christi zu halten und ihre Brüder so zu lieben, wie sie selbst von Christus geliebt werden: selbstlos.

Wenn diese kleine Meditation, dieser Gedanke in unserer Seele jene Lebendigkeit entfaltet, welche die Tatsache, die durch diesen Gedanken erfasst wird, in der geistigen Wirklichkeit hat, dann kann man wirklich von einem *Erwachen* sprechen, dann werden wir unser Leben von Grund auf ändern, von Grund auf nach der Liebe ausrichten. Wir werden neu. Das ist die Überwindung des Egoismus, der Selbstsucht. Darum, liebe Freunde, säumen wir nicht! Lassen Sie uns um unserer Mitmenschen und unserer selbst Willen zu Freunden Gottes werden!

Hinweise

Hinweis zu Seite 38f.: Aus: George G. Ritchie, Return from Tomorrow, 1. Auflage 1978, zitiert aus der deutschen Ausgabe: Rückkehr von morgen, 42. Aufl. Marburg 2018, S. 45ff.

«Jetzt sah ich, dass es nicht ein Licht war, sondern ein Mann, der den Raum betreten hatte, oder vielmehr ein Mann aus Licht, obwohl dies genauso wenig möglich war für meinen Verstand wie die unbeschreibliche Intensität der Helligkeit, die seine Gestalt ausmachte.

In dem Moment, als ich ihn wahrnahm, bildete sich in meinem Sinn ein Befehl wie von selbst. „Steh auf!" Die Worte kamen aus meinem Inneren, dennoch hatten sie eine Autorität, wie sie meine Gedanken nie hatten. Ich sprang auf meine Füße, und als ich das tat, bekam ich die erstaunliche Gewissheit: „Du bist in der Gegenwart des Sohnes Gottes." […]

Jede Einzelheit eines zwanzigjährigen Lebens war zu sehen. Das Gute, das Schlechte, die Höhepunkte, das, was zum Davonlaufen war. Und mit dieser Allesinklusiv-Schau entstand eine Frage. Sie war in jeder Szene gegenwärtig, und, wie die Szenen selbst, schien sie von dem lebendigen Licht neben mir gesteuert zu sein.

Was hast du aus deinem Leben gemacht?

Es war offensichtlich nicht eine Frage der Art, dass er Auskunft wünschte, denn was ich aus meinem Leben gemacht hatte, war klar zu erkennen. In jedem Fall kam das totale Abrufen der Vergangenheit detailliert und perfekt von ihm, nicht von mir. Ich hätte mich nicht an ein Zehntel von dem erinnern können, was ich sah, bevor er es mir zeigte.

Was hast du aus deinem Leben gemacht?

Es schien eine Frage nach den Werten und nicht nach den Fakten zu sein: Was hast du mit der kostbaren Zeit, die dir zugeteilt worden war, gemacht? Und bei dieser alles durchleuchtenden Frage, die mir aus jenen gewöhnlichen Begebenheiten einer ziemlich typischen Jugendzeit entgegen¬sprang, war mein Leben nicht bloß langweilig, sondern sogar bedeutungslos. Hatte ich denn nichts Bleibendes getan, nichts Wichtiges? Verzweifelt schaute ich nach etwas aus, das wertvoll erscheinen könnte in dem Licht dieser strahlenden Realität. [...]

Hatte ich nie etwas getan, was andere Leute als wertvoll anerkennen würden? Schließlich erinnerte ich mich an etwas, an den stolzesten Augenblick meines Lebens:

„Ich bekam eine Pfadfinderauszeichnung als ‚Eagle Scout'" Und wieder schienen Worte von der Gegenwart neben mir auszugehen:

Das ehrte dich.

Es stimmte. Ich konnte mich selbst sehen, wie ich im Mittelpunkt des Auszeichnungskreises stand, errötet vor Stolz, die bewundernden Augen meiner Familie und meiner Freunde auf mich gerichtet. Ich, ich, ich – immer im Mittelpunkt. Gab es dann keine Zeit in meinem Leben, in der ich den Platz für jemand anders geräumt hatte? [...]

Was hast du aus deinem Leben gemacht? Was kannst du mir zeigen?

Ich verstand bereits, dass ich in meinen ersten wahnsinnigen Anstrengungen, mit einer eindrucksvollen Antwort aufwarten zu wollen, vollkommen falsch lag. Er fragte nicht nach Leistung und Orden.

Die Frage hatte, wie alles andere, was von ihm ausging, etwas mit Liebe zu tun. Wie viel hast du mit deinem Leben geliebt? Hast du andere geliebt, so wie ich dich liebe? Ganz? Bedingungslos?

Als ich die Frage mit diesem Verständnis hörte, erkannte ich, wie dumm es war, eine Antwort aus den Szenen um mich herum zu finden. Warum? Ich hatte Liebe nicht so gekannt, wie sie mir jetzt als Möglichkeit vorgestellt wurde. Jemand hätte mir davon erzählen müssen, dachte ich entrüstet! […]

Doch obwohl diese Gedanken aus meinem Selbstmitleid und meiner Selbstentschuldigung entstanden, enthielt der Antwortgedanke keine Rüge, sondern nur das versteckte, himmlische Lachen hinter den Worten:

Ich habe es dir gesagt.

Aber wie? Immer noch bemüht, mich selbst zu rechtfertigen: Wie konnte er es mir gesagt haben, und ich hatte nicht gehört?

Ich sagte es dir durch das Leben, das ich lebte. Ich sagte es dir durch den Tod, den ich starb. Und, wenn du mich im Auge behältst, wirst du noch mehr sehen …»

Das auf S. 37f. ebenso erwähnte Buch von Raymond A. Moody ist auf deutsch erschienen unter dem Titel „Leben nach dem Tod. Die Erforschung einer unerklärlichen Erfahrung".

Hinweis zu Seite 57

Siehe: Guido Westerwelle (mit Dominik Wichmann): *Zwischen zwei Leben. Von Liebe, Tod und Zuversicht.* Hamburg 2015.

Hinweis zu Seite 67

«Dass wir freie Wesen sein können, das verdanken wir einer göttlichen Liebestat. So dürfen wir uns als Menschen fühlen wie freie Wesen, dürfen aber nie vergessen, dass wir diese Freiheit verdanken der Liebestat des Gottes. Wenn wir so denken, wird schon der Gedanke in die Mitte unseres Fühlens rücken: Du kannst zur menschlichen Würde kommen; nur eines darfst du nicht vergessen, dass du das, was du bist, dem verdankst, der dir wieder zurückgebracht hat dein menschliches Urbild durch die Erlösung auf Golgatha! – Den Freiheitsgedanken sollten die Menschen nicht ergreifen können ohne den Erlösungsgedanken des Christus. Dann allein ist der Freiheitsgedanke ein berechtigter. Wenn wir frei sein wollen, müssen wir das Opfer bringen, unsere Freiheit dem Christus zu verdanken! Dann erst können wir sie wirklich wahrnehmen.»

Rudolf Steiner, Von Jesus zu Christus. GA 131, Dornach, 7. Aufl. 1988, S. 228f.

Hinweis zu Seite 68

«Die Denker verlieren aus ihren Ideen den geistigen Inhalt. Sie machen im Idealismus von der ersten Hälfte des neunzehnten Jahrhunderts die geistleeren Ideen selbst als schaffenden Welt-Inhalt geltend. So Fichte, Schelling, Hegel; oder sie weisen auf ein Übersinnliches, das sich verflüchtigt, weil es entgeistigt ist. So Spencer, John Stuart Mill und andere. Die Ideen sind tot, wenn sie den lebendigen Geist nicht suchen. Der geistige Blick für das Geistige geht nun einmal verloren. Eine ‹Fortsetzung› des alten Geist-Erkennens ist nicht möglich. Es müssen die Seelenkräfte, indem die Bewusstseinsseele sich in ihnen entfaltet, ihre erneuerte, elementare, unmittelbar lebendige Verbindung mit der Geist-Welt erstreben. Anthroposophie will dieses Erstreben sein.»

Rudolf Steiner, Anthroposophische Leitsätze. GA 26, Dornach, 11. *Aufl.* 2013, *S.* 252.

Bücher von Judith von Halle im Verlag für Anthroposophie

Reihe Vorträge

BAND 1:

Die Apokalypse des Johannes

Bindeglied zwischen jüdischer Mystik
und christlich-anthroposophischer Geisteswissenschaft
Vorträge vom 18. und 25. Oktober 2003
1. Auflage 2018, Kt., 90 S., ISBN 978-3-03769-056-7

BAND 2:

Meditation und Seelenprüfungen in der Anthroposophie und in den Evangelien

I. Die Falter-Meditation und die Tempellegende
II. Seelenprüfungen am Abgrund:
die dreimalige Verleugnung des Jüngers Petrus
Vorträge vom 2. und 12. Juni 2011
1. Auflage 2019, Kt., 118 S., ISBN 978-3-03769-058-1

BAND 3:

Die großen christlichen Feste im Jahreslauf

Beiträge zu Weihnachten, Epiphanie, Ostern,
Pfingsten, Johanni und Michaeli
Beiträge von 2008 bis 2019
2. Auflage 2024, Kt., 92 S., ISBN 978-3-03769-060-4

Bücher von Judith von Halle im Verlag für Anthroposophie

Reihe Beiträge zum Verständnis des Christus-Ereignisses

BAND I:

Das Vaterunser – Das lebendige Wort Gottes

3. Auflage 2013, Geb., 74 S., ISBN 978-3-03769-002-4

BAND II:

Von den Geheimnissen des Kreuzweges und des Gralsblutes

3. Auflage 2010, Geb., 140 S., m. farb. Abb.,
ISBN 978-3-03769-003-1

BAND III:

Das Abendmahl –
Vom vorchristlichen Kultus zur Transsubstantiation

3. Auflage 2013, Geb., 108 S., m. Abb.,
ISBN 978-3-03769-004-8

BAND IV:

Von Krankheiten und Heilungen
und von der Mysteriensprache in den Evangelien

2007, Geb., 188 S., Abb., ISBN 978-3-03769-006-2

BAND V:

Der Abstieg in die Erdenschichten
auf dem anthroposophischen Schulungsweg

2. Auflage 2009, Geb., 156 S., m. farb. Abb.,
ISBN 978-3-03769-007-9

BAND VI:

Vom Mysterium des Lazarus und der drei Johannes
Johannes der Täufer, Johannes der Evangelist, Johannes Zebedäus

2009, Geb., 204 S., m. farb. Abb.,
ISBN 978-3-03769-014-7

BAND VII:

Vom Leben in der Zeitenwende

und seinen spirituellen Hintergründen

2009, Geb., 204 S., m. farb. Abb.,
ISBN 978-3-03769-015-4

BAND VIII:

Der Weihnachtsgedanke der Isis-Horus-Mythe

Vom monotheistischen Urverständnis der ägyptischen Mysterien

2009, Geb., 114 S., m. farb. Abb.,
ISBN 978-3-03769-016-1

BAND IX:

Joseph von Arimathia und der Weg des Heiligen Gral

Die christlichen Wurzeln Europas zwischen Ephesos und Gallien

2011, Geb., 178 S., m. farb. Abb.,
ISBN 978-3-03769-025-3

BAND X:

Die Jünger Christi

Vom Mysterienhintergrund der zwölf Apostel

2012, Geb., 128 S., Abb., *ISBN 978-3-03769-038-3*

BAND XI:

Stoffes-Sterben und Geist-Geburt

Kosmische Aspekte zur Todesstunde auf Golgatha

2014, Geb., 120 S., m. farb. Abb.,
ISBN 978-3-03769-049-9

BAND XII:

Die Johannes-Individualität

Unerschlossene Aspekte zur spirituellen Mission
und zum persönlichen Entwicklungsgang

2018, Geb., 184 S., m. farb. Abb.,
ISBN 978-3-03769-054-3

Judith von Halle

«UND WÄRE ER NICHT AUFERSTANDEN ...»

Die Christus-Stationen auf dem Weg zum geistigen Menschen

4. Auflage 2022, 204 S., 4 farb. Abb.
ISBN 978-3-03769-001-7

«Und wäre Christus nicht auferstanden, so wäre unsere Lehre tot, und tot auch unser Glaube.»
Paulus, 1 Kor. 15,14

Judith von Halle erzählt aus inneren Erfahrungen von den historischen Begebenheiten des Mysteriums von Golgatha und verbindet sie mit geisteswissenschaftlichen Betrachtungen über die geistigen Hintergründe des zentralen Menschheitsereignisses.

Alle Bücher von Judith von Halle
und ausführliche Informationen
siehe www.v-f-a.ch

Judith von Halle

Schwanenflügel

Eine spirituelle Autobiographie

Teil I: Kindheit und Jugend

Erschienen in der Edition Morel
2. Auflage, 432 S., Abb.
ISBN 978-3-906891-00-2

Ein ergreifendes und ermutigendes Zeugnis
für die Entdeckung und Erkenntnis
der eigenen unvergänglichen geistigen Individualität,
ihres Vermögens, Ursprungs und Ziels.

«Das rückhaltlose Offenlegen meiner Kinder-Erlebnisse mit der geistigen Welt, das öffentliche Zeugnis-Ablegen von der Wirklichkeit Christi durch die Veröffentlichung meiner mir kostbarsten spirituellen Erfahrung aus Kindertagen soll Mut machen und Vertrauen schenken ...»

«Die Schilderung ihres individuellen Zugangs zur Anthroposophie und ihre dann ablesbare vorgeburtliche Verbindung mit dem neuen, sich in der Anthroposophischen Bewegung ein Flussbett bahnenden Christuswirken, ist ‹herzinniglich› ...»

Reto A. Savoldelli